Übertragungen für Anfänger

Einweihung und Magie,
Projektionen und Heilung

Kontakt: www.HarryEilenstein.de
Harry.Eilenstein@web.de
Harry Eilenstein bei youtube

Herstellung und Verlag: BoD – Books on Demand, Norderstedt

ISBN: 9783756223084

Inhaltsverzeichnis

1. Übertragungen ?

Der Begriff „Übertragungen" hat heute keinen allzuguten Klang mehr, da er vor allem an das psychologische Konzept der „Projektionen" erinnert. Früher ist dieser Begriff eher mit dem, was man heute im tibetischen Buddhismus „Kraftübertragung" nennt, assoziiert worden – wobei einem früher nicht nur Lebenskraft, sondern auch Titel, Ämter und Ländereien „übertragen" werden konnten.

Das Konzept der Übertragungen ist in der Magie eng mit einigen anderen Konzepten verbunden – insbesondere mit der Lebenskraft und mit den Silberschnüren.

Die magisch relevanten Übertragungen finden allesamt im Bereich der Lebenskraft statt. Die Lebenskraft ist keine Kraft und auch keine Substanz, sondern der Übergang zwischen Materie und Bewußtsein.

Die Lebenskraft wird meistens als milchigweißes Licht oder als eine elektrisch-prickelnde Hitze wahrgenommen.

Das Licht ist eng mit den Augen verbunden, die unser wichtigstes Wahrnehmungs-organ ist. Daher ist „milchigweißes Licht", also „diffuse Helligkeit", eine Möglich-keit, einen inneren Kontakt zu etwas, das man noch nicht klar erkennen kann, im Bewußtsein darzustellen. Die beiden bekanntesten Motive der „optischen Über-setzung" der Wahrnehmung der Lebenskraft sind die „Bettlaken-Gespenster" und der „weiße Nebel" in der Kristallkugel.

Der Temperatursinn scheint sich als wenig sturkturierte Sinneswahrnehmung auch zur Darstellung der Lebenskraft zu eigen – „warm" bedeutet „ein bißchen", „heiß" bedeutet „viel". Das bekannteste Motiv der Übersetzung der Wahrnehmung Lebens-kraft in ein Temperatur-Phänomen ist das Kundalini-Feuer.

„Licht" und „Hitze" sind zwei einfache und auch ein wenig diffuse, d.h. unstruktu-rierte Formen der Lebenskraft-Wahrnehmung – sozusagen eine ungeordnete Menge von optischen Wahrnehmungen (milchigweißes Licht) bzw. von Temperaturwahr-nehmungen (diffuse und leicht prickelnde Hitze).

Wenn man die Materie direkt vom Bewußtsein aus wahrnimmt oder beeinflußt, also nicht mithilfe der Augen und der Hände, nimmt man zunächst alle Materie als diese diffuse „Substanz" aus Licht und Hitze wahr – was im allgemeinen dann „Lebens-kraft" genant wird. Diese direkte Wahrnehmung von Dingen ohne Zuhilfenahme der physischen Sinnesorgane ist die Telepathie – die direkte Beeinflussung von Dingen ohne Zuhilfenahme des physischen Körpers ist die Telekinese.

Wenn nun Lebenskraft von einem Ort zu einem andere Ort gesendet wird, ist dies eine Übertragung von Lebenskraft. Dies kann z.B. eine Segnung, Weihung oder Hei-lung sein.

Die Silberschnüre sind dauerhafte Verbindungen aus Lebenskraft zwischen zwei Lebewesen oder Dingen. Daher sind die Silberschnüre so etwas wie die Wege, auf denen Übertragungen stattfinden.

Man kann im Grunde die gesamte Magie als Formen der Übertragung von Lebens-kraft beschreiben – Lebenskraft wird von einem Ort zu einem anderen bewegt.

Man kann also einmal systematisch betrachten, ob die Darstellung von magischen Phänomenen als Lebenskraft-Übertragungen zu neuen Erkenntnissen über die Magie führt. Zumindestens sollte dieser Ansatz die Zusammenhänge zwischen den verschie-denen Formen der Magie deutlicher machen. Das gilt natürlich auch für jeden Aspekt der Magie: Wenn man einen Gesamtbereich vom Standpunkt eines einzelnen Struk-turelements oder eines einzelnen Vorgangs aus betrachtet, wird sowohl der Gesamt-bereich als auch dieses Element oder dieser Vorgang klarer.

Andere Aspekte, von denen aus man die Magie betrachten kann, sind z.B. die Silberschnüre, die Analogien, die Rituale, die Konzentration, der Wille, die Imagina-tionen, die Art der Anwendung, die Geschichte usw.

Im Folgenden wird ausgehend von den einfachsten Beispielen für Übertragungen allmählich der größte Teil der Magie untersucht und dabei auch erforscht, welche Formen der Übertragung es gibt und – soweit möglich – auch beschrieben, wie man sie am effektivsten durchführen kann.

2. Übertragungen in der Psyche

In der Psyche finden ständig Übertragungen statt – sie gehören zum normalen Funktionieren der Verarbeitung der Informationen, die durch die Sinnesorgane in das Bewußtsein gelangen.

a) Symbol-Bildung und Träume

Wenn ein Lebewesen etwas wahrnimmt, kann es auf verschiedene Weisen darauf reagieren.

Die allereinfachste Form dieser Möglichkeiten ist der Reflex. Dabei steht schon vor dem äußeren Ereignis fest, wie die Reaktion ausfällt: fliehen, fressen, sich tot stellen, suchen, sich paaren usw. Dieses Muster findet sich von den Einzellern über die noch recht einfach gebauten Tieren bis hin zu den Fischen, Amphibien und Reptilien.

Hier gibt es noch keine wirkliche Übertragung – es sei denn man will die Wahrnehmung, die einem bestimmten Verhaltensmuster fest zugeordnet wird (Reflex) bereits als eine (Impuls-)Übertragung ansehen.

Etwas anspruchsvoller ist die Verarbeitung von Wahrnehmungen mithilfe von Assoziationen, wie es sich u.a. bei den Säugetieren findet. Diese Assoziationen beruhen auf der Fähigkeit, sich an etwas zu erinnern. Wenn man nun etwas wahrnimmt, kann man sich an die früheren, ähnlichen Situationen erinnern und schauen, welche Verhaltensweisen in diesen Situation zu welchen Ergebnissen geführt haben. Hier kann man also zwischen mehreren Verhaltensweisen wählen.

Bei diesem Vorgang wird die Wahrnehmung versuchsweise neben die verschiedenen Erinnerungen gestellt und mit ihnen verbunden und geschaut, welche Folgen man jeweils erwarten kann, wenn man die verschiedenen möglichen Verhaltensweisen benutzen würde. Diese Betrachtungen sind der Anfang des Denkens und des Lernens. Man könnte hier also von versuchsweisen Übertragungen sprechen.

Die Fähigkeit, eine Wahrnehmung mit den Erinnerungen an frühere Situationen zu vergleichen, führt dazu, daß in der eigenen Erinnerung immer mehr Situationen miteinander verknüpft werden. Dadurch bilden sich schließlich Assoziations-Komplexe: die Mutter, die Sippe, die Nahrung, die Jagd, die Flucht, das Blut, der Wald, das Wasser, das Feuer usw. Auf diese Weise entstehen innere Bilder, die eine generelle Orientierung ermöglichen – wenn eine Wahrnehmung zu einem dieser Bilder paßt, weiß man schon ungefähr, was man in der betreffenden Situation erwarten kann. Diese inneren Bilder kann man auch „Symbole" nennen.

Wenn man etwas wahrnimmt, wird diese Wahrnehmung zuerst einmal mit den inneren Bilden assoziiert, d.h, die Wahrnehmung wird an das innere Bild angekoppelt und in es aufgenommen – die Wahrnehmung wird in das innere Bild übertragen und bildet dort nun eine weitere Facette dieses Bildes.

Auf diese Weise ist eine Schnell-Orientierung möglich, durch die zugleich die Reaktionsweise wachgerufen wird, die den bisherigen Erfahrungen nach am effektivsten gewesen ist. Dieses Verfahren ermöglicht ein schnelles Erst-Urteil, das jedoch nicht zu einem festgelegten Reflex wird und das auch nicht zu einem generellen, starren Vorurteil werden solle, da man sich sonst selber die Möglichkeit zum Weiterlernen nehmen würde.

Dasselbe geschieht auch in Bezug auf die Träume. Man kann die Träume als das „Stimmen des Instrumentes" auffassen, auf dem man während des Tages „gespielt" hat. Dieses „Insturment" sind die inneren Bilder, also das Gedächtnis.

Im Traum werden die Wahrnehmungen, die man im Wachzustand gehabt hat, in die innere Bilderwelt eingeordnet. Daher finden sich im Traum zum einen Erlebnisse der letzten Tage wieder und zum anderen Bilder, die sich aus mehreren ähnlichen Erfahrungen zusammensetzen – Verletzungen durch mehrere verschiedene Personen, Verliebtheit in mehrere verschiedene Personen, mehrere Orte, an denen man ähnliche Dinge erlebt hat usw.

Diese inneren Szenen, die aus Elementen aus verschieden Erlebnissen bestehen, sind sozusagen die Feinstruktur der inneren Symbole.

Diesen inneren Bereich der Bilder kann man sich auch bewußt anschauen, indem man Traumreisen unternimmt.

Die Fähigkeit der Erinnerung diente also – entwicklungsgeschichtlich gesehen – nicht dazu, ein präzises Bild eines früheren Erlebnisses zu bewahren, sondern alle früheren Erlebnisse so zusammenzufassen, daß sie eine möglichst gute Orientierung ergeben. Allerdings erscheint einem diese Erinnerung als so real und unverarbeitet, daß man sie für exakt das hält, was man auch erlebt hat – obwohl diese Erinnerungen weiterverarbeitet worden sind.

Diese Weiterverarbeitung der Erinnerungs-Bilder ist einem jedoch nur selten bewußt. Durch diesen Vorgang kann es passieren, daß man sich z.B. an eine Quelle zwischen den Wurzeln einer alten Eiche auf einer Wiese erinnert, obwohl diese Eiche in Wirklichkeit 10m von der Quelle entfernt gestanden hat.

Dieser Verarbeitungsprozeß, in dem die realen Bilder zu einer möglichst effektiven Erinnerung zusammengefügt werden, dauert natürlich eine Weile und ist nicht schon nach einem Monat abgeschlossen.

Bei diesem Prozeß werden einzelne Elemente einer Erinnerung zusammengefügt, also zu dem zentralen Element übertragen – in dem Beispiel rückt die Quelle an die Eiche heran.

Genau diese Fähigkeit, Erinnerungen festzuhalten und sie inneren Gruppen von Bildern zuzuordnen, geht bei manchen Menschen im fortgeschrittenen Alter verloren und kann schließlich zur Demenz führen.

Insbesondere die Fähigkeit, Wahrnehmungen oder andere Einzelinformationen einer Gruppe von inneren Bildern zuzuordnen, ist auch die Grundlage der Sprache: Hier wird ein Klang (das Wort) einem inneren Bild (der Bedeutung) zugeordnet.

Auch das gesamte Verstehen, also das Wiedererkennen, das Erkennen einer Ähnlichkeit, eines Unterschiedes, einer Wiederholung oder eines Gegensatzes, beruht darauf, einzelne Wahrnehmungen und Informationen einer Gruppe von inneren Bildern zuzuordnen.

b) Projektionen

Als „Projektion" wird in der Psychologie ein Vorgang genannt, bei dem ein inneres Bild weitgehend unbewußt auf ein anderes Bild übertragen wird. Das kann das Bild der Mutter sein, daß man auf alle älteren Frauen überträgt, oder das Erlebnis mit einem Hund, der einen gebissen hat, auf alle Hunde, oder das Bild der Faulheit, das man auf alle Langhaarigen überträgt usw.

Diese Projektionen sind derselbe Vorgang, durch den eine erste Orientierung mithilfe der Assoziation einer Wahrnehmung mit einer Gruppe von Erinnerungen (Symbol) geschieht.

Diese erste Schnell-Orientierung ist ausgesprochen nützlich, weil dadurch eine schnelle erste Reaktion möglich wird. Problematisch wird eine solche Projektion erst dann, wenn sie einrastet, d.h. wenn sie verhindert, daß neue Erfahrungen möglich sind und daß diese neuen Erfahrungen das bisherige innere Bild weiterentwickeln.

c) Introjektionen

Eine Introjektionen ist der Projektion recht ähnlich. In diesem Fall nimmt man ein äußeres Bild, also eine Wahrnehmung, und verbindet sie mit einem inneren Bild.

Dies passiert z.B. beim „Fremdschämen". Dabei sieht man im Außen etwas, was einem peinlich ist, obwohl man selber gar nicht derjenige ist, der dieses äußere

Ereignis verursacht hat. Bei der Introjektion fühlt man sich für etwas verantwortlich, was im Außen geschieht.

Ein anderes Beispiel wäre z.B. der Satanist, der sich aus Rebellion gegen die engen Regeln der Kirche mit dem Teufel identifiziert und ihn verehrt.

Die Introjektion ist also der Invokation, d.h. der Identifizierung mit einer Gottheit sehr ähnlich. bei der Introjektion ist der Vorgang jedoch meistens nicht sonderlich bewußt, während die Invokation so gut wie immer beabsichtigt ist. Die Introjektion bzw. die Invokation ist ein weitverbreiteter Vorgang in der Psyche: das Lernen durch die Nachahmung von Vorbildern und durch die Identifikation mit ihnen.

Der Unterschied zwischen der Projektion und der Introjektion liegt im Bezugspunkt: Bei der Projektion liegt das Bezugssystem im eigenen Inneren – z.B. das Bild der Mutter, das man auf eine andere Frau überträgt; bei der Introjektion liegt das Bezugssystem außen – z.B. das Bild des Teufels, das zu dem Vorbild des Satanisten geworden ist.

Die Introjektion ist also mit allen Arten von Idealen verbunden, denen man selber nachstrebt. Das reicht zurück bis in die späte Altsteinzeit, in der die damaligen Jäger sich mit einem Panther identifiziert haben, um dessen Kraft, Schnelligkeit und Effektivität bei der Jagd zu erlangen.

Wie man sieht, ist die Introjektion eng mit all den magischen Methoden verwandt, bei denen man sich mit etwas im Außen identifiziert – angefangen vom Vater über ein Raubtier oder einen Superhelden bis hin zu einer Gottheit.

Bei der Introjektion überträgt man sozusagen sich selber als Ganzes in ein Idealbild im Außen.

Es ist offensichtlich, daß in der Psyche ständig Vorgänge ablaufen, die Übertragungen sind oder zumindestens einer Übertragung sehr ähnlich sind: Vergleiche, Assoziationen, Zuordnungen, Verbindungen, Symbolbildungen, Projektionen, Introjektionen, Nachahmungen, Identifizierungen, Invokationen usw.

d) Ersatzbefriedigungen

Ersatzbefriedigungen haben keinen guten Ruf. Sie sind den Projektionen sehr ähnlich: Ein Bedürfnis kann nicht erfüllt werden und wird daher auf das ähnlichste Bedürfnis, was jedoch erfüllt werden kann, umgelenkt. So kann z.B. der Wunsch nach Nähe auf Essen und Trinken umgelenkt werden, da man alle drei Dinge (Nähe, Essen, Trinken) mit dem Gestilltwerden als Baby durch die Mutter assoziiert und weil man bei allen drei Dingen einen Kontakt, eine Berührung erlebt. Die Übertragung findet in diesem Beispiel von der Nähe auf das Essen und Trinken statt.

e) Aufmerksamkeits-Lenkung

Die Lenkung der eigenen Aufmerksamkeit ist sozusagen das Gegenstück der Ersatz-befriedigung. Man konzentriert sich auf eine Handlung, die man tun will, um zu sehen, ob sie „echt", d.h. ein primäres Bedürfnis ist. Dabei stellt man dann vielleicht fest, daß man nicht wirklich müde ist, sondern sich „abgestellt" hat, weil man resigniert ist; daß man resigniert ist, weil man zu viel gegessen hat; daß man zuviel gegessen hat, weil man traurig war; daß man traurig war, weil man eigentlich Nähe wollte und nicht bekommen hat.

Wenn man die Aufmerksamkeit auf ein Bedürfnis, einen Wunsch o.ä. lenken kann, erhält man die Möglichkeit, sich die Geschichte z.B. des betreffenden Wunsches anzusehen und seine Geschichte zu seinem Ursprung zurück zu verfolgen. Dabei macht man eine Übertragung (Ersatzbefriedigung) nach der anderen rückgängig bis man schließlich wieder den ursprünglichen Wunsch erreicht hat.

Diese Dynamik findet sich auch in einigen anderen Bereichen, von denen die Homöopathie vermutlich am bekanntesten ist.

Angenommen, jemand hat Schmerzen im Knie und erhält dafür ein homöopathi-sches Mittel, das diese Schmerzen nach ein paar Wochen geheilt hat – und der Betref-fende spürt dabei, daß er sich in seinem Leben viel zu sehr angestrengt hat.

Möglicherweise treten dann jedoch die Halsschmerzen auf, die der Betreffende 10 Jahre zuvor schon einmal gehabt hat; diese Halsschmerzen werden dann wieder homöopathisch behandelt werden – wobei dem Betreffenden klar wird, daß er Hem-mungen hat, anderen wirklich klar zu sagen, was er will.

Nachdem die Halsschmerzen dann geheilt sind, treten als nächstes die Depressionen auf, die der Betreffende im Alter von 19 Jahren gehabt hat. Auch diese werden wieder homöopathisch geheilt.

Daraufhin erinnert sich der Betreffende daran, wie er als Kind mit Schlägen und Schimpfen von seinem Vater dazu gebracht worden ist, immer gehorsam zu sein und keine eigene Meinung zu haben. Nachdem diese Prägung durch ein weiteres homöo-pathisches Mittel geheilt worden ist, treten dann keine weitere Symptome mehr auf.

Der Betreffende hat im Laufe seines Lebens nacheinander das Prügel-Erlebnis, die Depressionen, die Halsschmerzen und die Knieschmerzen gehabt, die alle aufeinander aufgebaut haben und jeweils eine weitere neue Hülle um eine altes ungelöstes Pro-blem gewesen sind.

Die homöopathische Behandlung trägt Schicht um Schicht dieses psychischen Komplexes ab, bis schließlich die Ursache zum Vorschein kommt, deren Heilung endlich das Problem auflöst. Diesen Vorgang kann man als eine schrittweise Auflö-sung von mehreren aufeinander aufbauenden Übertragungen ansehen – wobei man hier anstatt „Übertragungen" auch „Ersatzhandlungen", „hilflose Problemlösungen" und „Ersatz-Symptome" sagen könnte.

Diese Dynamik macht einen wesentlichen Teil aller gründlichen Heilungen aus und sie ist auch ein wesentlicher Bestandteil der buddhistischen Meditationen, deren Zweck es ist, alle falschen Vorstellungen über sich selber und über die Welt aufzulösen – und Krankheiten und ihre Symptome entstehen in vielen Fällen aus der Psyche heraus.

(Bei Bedarf findet sich eine ausführlichere Beschreibung des Zusammenhangs zwischen Psyche und Krankheiten in meinem Buch „Die Symbolik der Krankheiten".)

f) Arten der inneren Struktur

Zwei Arten der inneren Strukturen sind bereits beschrieben worden – die beiden, die als erstes entstanden sind: die Reflexe und die Assoziationen.

1. Schicht: Reflexe

Die Reflexe finden sich als die unterste Schicht der menschlichen Psyche und sie sind auch die Hauptdynamik in der Psyche der Einzeller bis hin zu den Fischen, Amphibien und Reptilien: Ein Reiz ruft jedes mal genau dieselbe Reaktion hervor.

Hier ist die Prägung der Lebenskraft noch sehr schlicht – der Einfluß des Bewußtseins auf die Handlungen ist denkbar gering. Hier finden sich vor allem Silberschnüre: einfache Lebenskraft-Verbindungen zwischen zwei Dingen – also Assoziationen.

Diese Ebene entspricht dem Körper des Menschen, in dem sehr viele Prozesse reflexhaft, d.h. unbewußt ablaufen (Herzschlag, Verdauung u.ä.). Man kann diese Ebene auch der Entstehung des Körpers vor der Geburt zuordnen.

2. Schicht: Assoziationen

Die Fähigkeit der Erinnerung ermöglicht die Assoziation der aktuellen Wahrnehmung mit früheren, ähnlichen Erlebnissen, wodurch die Möglichkeit der Wahl und des Lernens entsteht. Diese Fähigkeit ist vor allem bei den Säugetieren sehr ausgeprägt. Sie ist bei den Menschen die zweitunterste Schicht der Psyche.

Auf dieser Ebene finden die Übertragungen statt. Sie prägen die Entstehung von inneren Bilder-Gruppen (Symbole), die die Psyche und das Verhalten der Menschen bis in die späte Altsteinzeit hinein geprägt haben.

Diese unterste Schicht der Psyche des Menschen entspricht dem Baby, das noch in Symbiose mit der Mutters lebt – so wie die Menschen in der Altsteinzeit als Teil der Natur in der Natur gelebt haben.

Diese Schicht, die Freud „orale Phase" nennt, kann man als ein allgemeines „Ja" umschreiben.

3. Schicht: Analogien

Die nächste Fähigkeit, die entstanden ist, ist der bewußte Vergleich von verschiedenen Wahrnehmungen. Diese Fähigkeit wurde notwendig, als in der Jungsteinzeit die Menschen in so großen Gemeinschaften zusammengelebt haben, daß man nicht mehr jeden Einzelnen durch Assoziationen, also durch gemeinsame Erlebnisse, kennenlernen konnte.

Um eine solch komplexe Welt zu ordnen, schuf man die Urbilder: Alle Mütter waren Teil des fürsorglichen Mutter-Urbildes; alle Jäger waren Teil des zupackenden Jäger-Urbildes; alle Steinmetze waren Teil des geduldigen Steinmetz-Urbildes usw. Die Gesamtheit dieser Bilder und der Beziehungen zwischen diesen Bildern wurde dann zur Mythologie. Sie war ein Raster, in das man alle Dinge erst einmal einordnen konnte und an das man sich in seinem Verhalten erst einmal halten konnte – man mußte es dann nur noch abwandeln, wenn man Dinge erlebte, die nicht ganz in dieses Raster gepaßt haben.

Auf dieser Ebene der Entwicklung entstanden dann die Götter als die Urbilder bestimmter menschlicher Typen, Fähigkeiten, Verhaltensweisen usw. sowie als Urbilder der Qualitäten von Tieren, Landschaften, Ereignissen u.ä.

Dies sind die „Archtypen", in die man sich einfügt, um effektiv zu sein, die man bejaht, weil sie die besten bekannten Verhaltensmöglichkeiten darstellen, und mit denen man sich teilweise identifiziert, weil sie das eigene Ideal darstellen. Hier findet sich die Invokation, also die Introjektion, als das neue Element, durch das man die eigene Psyche ordnen und gestalten kann.

Diese dritte Schicht der Psyche (nach den Reflexen und den Assoziationen) ist von Vergleichen, Analogien, Wiederholungen, Rhythmus, Tradition, kollektiven Verhaltensweisen und dem Kult geprägt, also durch die Mythologie, die das allen gemeinsame Weltbild ist.

Die Bilder befindet sich nur in dem Einzelnen und sind bei jedem anders, da jeder etwas anderes erlebt hat – die Urbilder sind hingegen für alle in der Gemeinschaft gleich und werden lediglich durch die Bilder des Einzelnen ein wenig verschieden „eingefärbt".

Die inneren Bilder kann man gut auf andere Menschen und Dinge projizieren, also nach außen hin übertragen – die Urbilder sind hingegen allen gemeinsam und sind auch ausgesprochen stabil und befinden sich eben außen im Kollektiv und sind daher etwas, in das man sich selber durch Introjektion hineinstellt.

Die Bilder sind Teile der Psyche und befinden sich im persönliche Bewußtsein und Unterbewußtsein – die Urbilder befinden sich hingegen im kollektiven Unterbewußtsein.

In dieser Schicht der Psyche wird zwischen angenehm („ja") und unangenehm („nein") unterschieden. Dies entspricht dem Kultur/Korn-Gott und dem Wildnis-Gott in der Mythologie. Dies entspricht in der individuellen Entwicklung der Phase der Kleinkinder, die gerade sprechen und laufen lernen.

Diese Schicht, die Freud „anale Phase" nennt, kann man mit einem „Nein!" umschreiben.

4. Schicht: Prinzipien

Die nächste Schicht – das heißt die vierte Schicht – ist mit dem Königtum entstanden. Aus Gründen der effektiveren Bewässerung und der damit verbundenen sichereren Versorgung mit Lebensmitteln ist zunächst um 3250 v.Chr. in Ägypten und 1000 Jahre später auch in Mesopotamien und Anatolien (Türkei) das Königtum entstanden, also die Zentralverwaltung.

Dieses Prinzip der Zentralisierung zeigt sich im Denken als die Philosophie (die Deduktion, die alles von einem einzigen Ursprung ableitet) und in der Religion als Monotheismus. Auch in der Entwicklung des Einzelnen entstand zu dieser Zeit die zentrale Lenkung, also das Ich.

Um alles in der Psyche einheitlich lenken zu können, müssen die verschiedenen Impulse gebändigt und gebündelt werden, d.h. manche Impulse müssen anderen untergeordnet werden, wodurch sie entweder gegen den Hauptimpuls zu arbeiten beginnen oder durch die Einsicht in den Sinn der Einsgerichtetheit ihre eigene Energie diesem Hauptimpuls abgeben.

Die Übertragung findet hier auf vielfältige Weise statt: Die Nebenimpulse werden auf den Hauptimpuls übertragen, aller Wille wird auf den König übertragen, alle Wahrheit wird auf die Erste Ursache übertragen, und alles Sein wird auf Gott übertragen.

Die Übertragungen werden hier sehr umfassend: Alle Macht wird dem König, der Wahrheit, Gott, dem Ich übertragen.

Diese Entwicklung wird in psychischer Hinsicht in dieser Epoche durch die um 600 v.Chr. gegründeten Weisheitslehren (Buddha, Jaina, Lao-tse, Zalmoxis, Zarathusra usw.) und durch die gleichzeitig gegründeten Mysterien (Eleusis, Samothrake, Mithras, Sol invictus, Orpheus usw.) gefördert.

Sowohl die Weisheitslehren als auch die Mysterien sind ganz auf das Erschaffen eines Zentrums im Menschen ausgerichtet: Konzentration („auf die Mitte ausrichten"), Meditation („um die Mitte herum anordnen"), Selbstfindung, Erleben der eigenen Seele (in den Mysterien) usw. Man könnte diese Entwicklung als „Jeder sein eigener König!" umschreiben.

Hier findet eine generelle Übertragung aller Impulse auf ein einziges Zentrum statt, das dann alle Dinge mit Vorschriften lenkt. Dies könnte man als „Ausrichtung auf Prinzipien" bezeichnen, wobei auch diese Prinzipien eine Hierarchie haben und von einem obersten Prinzip abgeleitet werden. Der Durchsetzungs-Apparat ist die Verwaltung, die Formulare, die Philosophie, und die Einsgerichtetheit und Willensstärke des Ichs in der Psyche.

In der individuellen Entwicklung ist dies die Selbstfindung – die Kinder beginnen von sich selber nicht mehr mit ihrem Eigennamen, sondern mit dem Wort „ich" zu sprechen.

Diese Schicht, die Freud „phallische Phase" nennt, kann man mit einem „Ich!!!" umschreiben.

5. Schicht: Analyse

Nachdem sich in der Epoche des Königtums ein eigenständiger Standpunkt gebildet hatte, konnte die Welt nun sachlich-analytisch betrachtet werden, was den Materialismus mit seiner Wissenschaft, Technik und Industrie entstehen ließ.

Es wurde nun das einzelne Element im Außen betrachtet und sein Verhalten sachlich beschrieben. Aus den Informationen, die sich aus den neutral-distanzierten Beobachtungen ergaben, wurden allgemeingültige Formeln abgeleitet.

In dieser fünften Schicht der Psyche (nach Reflex, Assoziation, Analogie und Prinzip) entsteht durch die sachliche Analyse eine ganz neue Art der Übertragung, die eigentlich eine Entfernung aller Emotionen und Vorstellungen ist: Aus den beobachteten Phänomenen wird jegliche eigene Anteilnahme und jede eigene Zielsetzung herausgenommen, damit man so sachlich wie möglich das sieht, was „wirklich da ist". Dies ist die Haltung des Wissenschaftlers.

Man kann diese Haltung als die Auflösung jeglicher Übertragungen betrachten. Durch sie wird die Welt zu kühler Substanz, zu einer Ansammlung von Atomen, zu bedeutungslosen Abläufe von Ereignissen – die Psyche wird zunehmend analysiert und das Ich wird isoliert und man wird schließlich zum bedeutungslosen Neutrum.

Diese Haltung ermöglicht das Erwerben eines umfangreichen Sachwissens, das dann die Grundlage für die weitere Entwicklung bildet.

Dies entspricht in der individuellen Entwicklung der Jugend, in der man die Welt untersucht, den eigenen Körper erforscht, in der man Freundschaften, die Sexualität und Beziehungen entdeckt und durch die Pubertät eigenständig wird.

Diese Schicht, die Freud „genitale Phase" nennt, kann man durch ein „Du?" umschreiben.

6. Schicht: Globalisierung

Die Epoche, in der sich die nächste Schicht der Psyche bildet, hat ungefähr im Zweiten Weltkrieg mit der Gründung der UNO begonnen. Diese Epoche ist die Globalisierung, in der die Gesamtzusammenhänge betrachtet werden, die notwendig sind, damit sich die Menschen nicht gegenseitig vollständig vernichten.

Diese Haltung besteht aus dem Vertrauen (das Ganze trägt den Einzelnen) und der Verantwortung (der Einzelne trägt das Ganze). Man könnte dies eine gesamtsolidarische Lebensweise nennen.

Hier findet wieder eine andere Form der Übertragung statt: Man erkennt, daß das eigene Wohlergehen von dem Wohlergehen des Ganzen abhängt und weitet daher den Bereich, für den man Verantwortung übernimmt und in den man das eigene Vertrauen setzt, auf die Menschheit als Ganzes aus. Die eigene Motivation, die zuvor nur auf den eigenen Leib und die eigene Psyche ausgerichtet gewesen ist, richtet sich nun auf die Erde als Ganzes.

Dies entspricht in der individuellen Entwicklung dem Erwachsenwerden, dem Gründen einer Familie, sowie der Kooperation innerhalb der Familie und auch in der Wirtschaft und der Politik.

Diese Schicht, die Freud nicht mehr beschrieben hat, kann man „adulte Phase" („Erwachsenen-Phase") nennen durch ein „Wir." umschreiben.

Übersicht

In den verschiedenen Phasen entstehen die Möglichkeiten zu verschiedenen Arten der Übertragung:

Übertragungen in den Phasen		
Phase		***Übertragung***
kollektiv	*individuell*	
Säugetiere	vor der Geburt (Körper-Entwicklung)	keine Übertragungen, nur Reflexe
Altsteinzeit	Baby (orale Phase)	keine Übertragungen, Einordnung durch Assoziationen
Jungsteinzeit	Kleinkind (anale Phase)	Übertragung durch Introjektion, Invokation, Einordnung in ein Urbild/Mythologie
Königtum	Kind (phallische Phase)	Übertragung aller Impulse auf ein Zentrum (König, Gott, Wahrheit, Ich)
Materialismus	Jugendlicher (genitale Phase)	Herausnehmen aller Anteilnahme, Sachlichkeit, (Übertragungs-Vermeidung)
Globalisierung	Erwachsener (adulte Phase)	Ausweitung der Anteilnahme auf das Ganze, Übertragung der Motivation nach außen

g)   Gefühle und ihre Verwandlungen

Auch einzelne Gefühle und Motivationen können durch Übertragungen verwandelt werden, wie bereits an dem Beispiel der Ersatzbefriedigung gezeigt worden ist.

Es gibt natürlich auch Dynamiken in den Gefühlen, die sich nicht als eine Übertragung beschreiben lassen. Das Folgende ist ein Beispiel für eine solche Gefühls-Dynamik.

Der Urzustand ist das freie, ungehemmte Strahlen, das einen Zustand von Glück hervorruft. Dies ist sozusagen ein vollkommen unbehinderter Selbstausdruck.

Wenn dann dieses Strahlen auf ein Hindernis stößt, entsteht Ärger und eine Steigerung der Kraft in die Richtung des Hindernisses, um das Hindernis aus dem Weg zu räumen.

Wenn dies gelingt, entsteht eine Befriedigung – das Gefühl des Sieges. Wenn dies jedoch nicht gelingt, gibt es zwei mögliche Reaktionen darauf.

Die erste Reaktionsmöglichkeit ist eine Steigerung des Ärgers zu Wut, d.h. eine weitere Steigerung der Kraft, die das Hindernis beseitigen soll. Wenn auch dies nichts nützt, kann es sein, daß die Wut einsgerichtet wird, d.h. daß der Betreffende sich auf die Beseitigung des Hindernisses fixiert. Dann wird die Wut existentiell und verwandelt sich in Haß. Der Haß führt letztlich entweder zur Zerstörung des Hindernisses oder zur Selbstzerstörung.

Die zweite Reaktionsmöglichkeit ist die Abwendung von dem angestrebten Weg, von dem ersehnten Selbstausdruck. Dann wird das durch das Hindernis blockierte Strahlen der Lebenskraft zu einem Fließen der Lebenskraft im Kreis, was man dann als Traurigkeit erlebt. Wenn diese Traurigkeit keine Lösung findet, werden ihre Kreise immer kleiner und schneller bis schließlich jegliche Bewegung zusammenbricht und aus der Trauer eine Depression wird.

Die Heilung besteht darin, daß man diesen Entwicklungsweg wieder zurück geht, indem man das Gefühl, das gerade da, wirklich fühlt und als das eigene Gefühl annimmt. Dadurch wird die Depression wieder zu Traurigkeit, die Traurigkeit zu Ärger, und der Ärger schließlich wieder zu Strahlen. Genauso wird dadurch der Haß wieder zu Wut, die Wut zu Ärger, und der Ärger schließlich wieder zu Strahlen.

Die einzige Übertragung, die man hier sehen kann, ist die Ausrichtung der gesamten eigenen Lebenskraft, die eigentlich viele verschiedene Ziele anstrebt, auf ein einziges Thema, das dadurch existentiell wird. Das dadurch entstehende Gefühl ist in seiner aktiven Variante der Haß und seiner passiven Variante die Depression – beides wird als existentialistisch erlebt, da beides eine Fixierungen der Lebenskraft auf ein einziges Ziel zur Grundlage hat.

Diese Analyse und dieser Heilungsweg gehören zu der bereits beschriebene Epoche des Materialismus.

(Bei Bedarf siehe mein Buch „Gefühle und ihre Verwandlungen".)

h) Einsgerichtetheit

Wie in dem vorigen Abschnitt bereits beschrieben worden ist, entstehen Haß und Depressionen durch die Einsgerichtetheit auf ein einziges Thema. Ähnliche einsgerichtete Haltungen finden sich auch in Askese und Sucht sowie in Minderwertigkeitskomplexen und in Größenwahn. Alle diese Zustände der Psyche sind Fixierungen auf ein einziges Thema, auf das die gesamte Konzentration und die gesamte Lebenskraft ausgerichtet wird.

Natürlich gibt es auch Formen der Einsgerichtetheit, die auf ein Thema ausgerichtet sind, das heilsam ist – schließlich ist jede Konzentration und jede Meditation auch eine Einsgerichtetheit.

Die drei wichtigsten Themen, bei denen eine Einsgerichtetheit eine sehr heilsame und bereichernde Wirkung hat, sind Fülle/Geborgenheit/Urvertrauen (orale Phase), Kraft/Klarheit (anale Phase) und Selbstliebe (phallische Phase). Wer in diesen drei

Qualitäten ruht, hat nicht mehr viele Probleme …

Die Übertragung der gesamten Lebenskraft auf diese drei Themen – man könnte auch sagen, die Ausrichtung der Lebenskraft auf diese drei Themen – ist das, was heilt. Sie ist ein ausgesprochen wichtiger Aspekt in der Meditation, in der Mystik, im Ritual, im Kult und in der Magie. Diese Einsgerichtetheit auf die drei heilen Qualitäten der Mitte läßt einen Menschen strahlen – und sie läßt die Magie effektiv werden.

Diese Einsgerichtetheit gehört zu der bereits beschriebene Epoche des Königtums.

i) Übersicht

In diesem Kapitel sind die wichtigsten Formen der Übertragung innerhalb der Psyche beschrieben worden. Die Formen der Übertragung, die über die Psyche hinausgehen, sind nur am Rande erwähnt worden.

Man kann diese Ergebnisse der Übersichtlichkeit halber noch einmal in einer Tabelle aufführen:

Formen der Übertragung	
innen	- Symbol-Bildung - Träume - Projektion - Introjektion - Ersatz-Befriedigung - Aufmerksamkeits-Lenkung - Assoziationen - Analogien - Einsgerichtetheit - Fixierungen
innen-außen	- Invokation - Analogien - Prinzipien - Analyse - Globalisierung

3. Übertragungen zwischen Menschen

Telepathie ist die direkte Wahrnehmung des Außen durch das Bewußtsein ohne Zuhilfenahme der Augen und Ohren.

Telekinese ist die direkte Einwirkung auf das Außen durch das Bewußtsein ohne Zuhilfenahme der Hände.

Die Substanz dieser „direkten Vorgänge" ist die Lebenskraft. Die Lebenskraft hat keine Atome o.ä. Einheiten, aber man kann die Telepathie und die Telekinese als die „kleinsten Einheiten", die „kleinsten Verbindungen" und als die „kleinsten Aktionen" an dem Übergang zwischen Bewußtsein und Materie, also im Bereich der Lebenskraft, auffassen.

Aus diesen „kleinsten Einheiten" setzen sich andere, größere Einheiten wie z.B. die Silberschnüre zusammen, die zwei Dinge miteinander verbinden und sozusagen ein Strick, ein Elektrokabel, ein Telefonkabel, ein Kanal, eine Ader u.ä. sind – je nachdem, welche Funktion dieser Silberschnüre gerade im Vordergrund steht.

Auch die Übertragungen zwischen Menschen bestehen aus Lebenskraft und bilden komplexere Einheiten als nur eine einzelne telepathische oder telekinetische Aktion. Sie sind auch komplexer als eine Silberschnur, da sie Bilder sind, deren Elemente durch mehrere Verbindungen miteinander verknüpft sind.

Eine Übertragung setzt voraus, daß solche Bilder vorhanden sind. Da man die Psyche auch als einen „Lebenskraft-Organismus" beschreiben kann, dessen Organe die Chakren und dessen Adern die Nadis sind, spielen diese (aus Lebenskraft bestehenden) Bilder in der Psyche auch bei den Übertragungen in der Magie eine große Rolle.

Diese Bilder sind das, was der Magier imaginiert und sie sind das, worauf sich der Magier konzentriert. Durch die Imagination wird der Kontakt zu dem Bild hergestellt und das Bild selber wird dadurch stabilisiert – durch die Konzentration erhält das Bild einen Impuls, d.h. eine einsgerichtete Kraft. Wenn das Bild klar und markant ist und zudem einen ausreichend großen Impuls erhalten hat, beginnt es zu wirken.

Der Impuls sendet das Bild aus – das ist die Grundform der Übertragung in der Magie. Ein Bild wird von innen nach außen gesandt, von außen nach innen geholt, von einem Ort zu einem anderen gesandt usw.

In der Magie werden Lebenskraft-Bilder übertragen.

Durch diese Übertragungen entstehen Silberschnüre zwischen dem Sender und dem Empfänger des Bildes – die Silberschnur ist entweder das Ergebnis dieser magischen Übertragung oder sie ist ein Hilfsmittel, um diese magische Übertragung zu erleichtern.

Diese recht allgemeinen Überlegungen werden durch die nun folgenden Beispiele anschaulicher.

a) Stimmungen übernehmen

Es gibt bei einigen Menschen das Phänomen, daß sie Stimmungen von anderen Menschen übernehmen. Sie sind dann anschließend in derselben Stimmung, haben dieselben Gefühle und denken manchmal sogar ähnlich Dinge wie die Menschen, von denen sie diese Stimmungen übernommen haben.

Die „Sender" dieser Stimmungen sind in der Regel dominant und die „Empfänger" eher schüchtern, zurückhaltend und ängstlich – der „Sender" gehört also zu der Kategorie der „Täter" und der „Empfänger" zu der Kategorie der „Opfer".

Die Täter haben einen starken Druck nach außen hin und sind gewaltbereit, während die Opfer einen sehr schwachen Druck nach außen haben und eher leidensbereit sind. Hier liegt eine Polarisierung der Kraft vor.

Es gibt auch den „Hilfsbedürftigen-Süchtigen" als „Sender" und den „Helfer-Asketen" als „Empfänger". Hier liegt eine Polarisierung der Fülle vor.

Die dritte Variante ist der „Star mit Größenwahn" als „Sender" und der „Fan mit Minderwertigkeitskomplex" als „Empfänger". Hier liegt eine Polarisierung der Selbstliebe vor.

In vielen Fällen gibt es Mischformen, bei denen alle drei Bereiche (Fülle, Kraft, Selbstliebe) polarisiert worden sind. Dann ist der Sender ein Hilfsbedürftiger-Süchtiger, ein Täter und ein Star, während der Empfänger ein Helfer-Asket, ein Opfer und ein Fan ist.

Dabei fließt ein Lebenskraft-Bild von dem Sender zu dem Empfänger. Dieses Bild drückt den Willen des Senders aus: Hilfsbedürftigkeit-Sucht, Gewaltbereitschaft und Gier nach Anerkennung. Der Empfänger ist diesem Bild weitgehend hilflos ausgeliefert, weil er sich nicht wehren kann. Dadurch bestimmt der Sender die Situation – sein Bild ist der Rahmen, in dem sich die Handlungen und Gespräche der beiden abspielen, weshalb es der Sender leicht hat, sich durchzusetzen.

Hier gelangt ein Bild des Senders sozusagen „per Lebenskraft-Post" zu dem Empfänger, der das hilflos erlebt und sich nicht zu wehren weiß und letztlich das tut, was der Sender will.

Was hier übertragen wird, ist der Wille und die Absicht des Senders. Diese Form der Übertragung engt den Empfänger manchmal drastisch in seinen Handlungsmöglichkeiten ein und verändert sogar sein Selbstbild, sodaß es schließlich dem entspricht, was der Sender über den Empfänger denkt oder wo er ihn haben will.

Wenn man will, kann man dieses „Übernehmen von Stimmungen" als eine formlose, aber trotzdem ausgesprochen effektive Art der Hypnose ansehen.

b) ungewollt Krankheiten übernehmen

Das Übernehmen von Stimmungen, das im vorigen Abschnitt beschrieben worden ist, kann noch deutlich weitergehen: Manche Menschen übernehmen sogar Krankheiten von anderen – wobei diese Übertragung keineswegs durch physische Ansteckung. Auf diese Weise können auch Knieschmerzen, Zeckenbiß-Symptome, Beinbruch u.ä. „übertragen" werden.

Hier gehören die Empfänger wieder zu der Gruppe der Helfer-Asketen, Opfer und Fans. Der Sender muß in diesem Fall nicht besonders dominant sein – der Empfänger hat eine so schwache Grenze um seinen Lebenskraftkörper, daß er alles aufnimmt, was ihm begegnet. Solche Menschen sehen sich manchmal gezwungen, sich weitestgehend von anderen Menschen zu isolieren und am besten auch keine Berichte über Kriege, Krankheiten, Leid und ähnliches zu hören und zu sehen.

Menschen mit dieser Disposition haben auch oft eine Neigung zum Burnout – ganz einfach deshalb, weil sie nicht gut „Nein!" sagen können, sich anpassen und daher dauernd mehr tun, als sie eigentlich wollen.

Diese Form der Übertragung der Krankheit eines Menschen auf einen Menschen mit schwacher Lebenskraft-Grenze hat für niemanden einen Nutzen – es gibt nach einer solchen Übertragung lediglich einen Kranken mehr ...

c) gewollt Krankheiten übernehmen

Es gibt auch die Möglichkeit der bewußten Übernahme einer Krankheit durch einen Menschen wie z.B. durch den zypriotischen Heiler Daskalos. In diesem Fall ist der Empfänger ausgesprochen eigenständig und gehört weder zu dem Süchtiger/Täter/ Star-Typ noch zu dem Asket/Opfer/Fan-Typ.

Der Heiler, der die Krankheit übernommen hat, hat sie tatsächlich dem Kranken fortgenommen, der daraufhin gesund ist. Der Heiler hat die Krankheit dann selber und heilt sie an dem eigenen Körper.

Hier scheint es allgemein eine wichtige Unterscheidung zu geben: Eine Krankheit entsteht aus einer psychischen Ursache heraus. Wenn diese Ursache noch besteht, ist die Krankheit noch fest in der Psyche verankert – dann kann der Heiler diese Krankheit nicht übernehmen. Hat der Kranke die Ursachen seiner Krankheit jedoch schon aufgelöst, kann der Heiler die physische Krankheit heilen.

Ob dies ein generelles Prinzip ist, läßt sich schwer sagen. Es klingt durchaus plausibel, aber es ist kaum möglich, ausreichend viele Fälle genau genug zu kennen, um darüber eine sichere Aussage machen zu können.

d) Lebenskraft abgeben

Ein recht ähnlicher Vorgang ist das „Abgeben von Lebenskraft", das meistens unbewußt geschieht. Allerdings wird die Wirkung schnell deutlich, da der Sender plötzlich müde und erschöpft wird, während der Empfänger aufblüht und munter wird.

Auch hier gehört der Sender zu dem Asket/Opfer/Fan-Typ – der Empfänger muß allerdings zu keinem bestimmten Typ gehören, weil der Sender sich für alle aufopfert, die seiner Meinung nach in Not sind.

Diese „Übertragung von ungeprägter Lebenskraft" ist nicht sonderlich nützlich, da sie nur eine sehr kurzfristige Wirkung auf den Empfänger hat und nicht sein Problem (falls tatsächlich eins vorhanden sein sollte) löst – aber dafür den Sender manchmal massiv schwächt.

Wenn dieser Vorgang beiden bewußt wird, kann er weitgehend durch die Imagination, daß die Lebenskraft wieder vom Empfänger zum Sender zurückfließt, rückgängig gemacht werden.

e) ungewollter Energie-Vampir

Der eben geschilderte Vorgang kann auch vom dem Empfänger ausgehen, der dann dem (unfreiwilligen) Sender Lebenskraft abzieht. Auch hier wird der Sender müde und der Empfänger munter. Dies ist „unbewußter Energie-Vampirismus".

Wenn dieser Vorgang den beiden bewußt wird, kann er durch Imagination rückgängig gemacht werden.

Sowohl bei dem „Lebenskraft abgeben" als auch bei dem „unbewußten Energie-Vampirismus" ist die Lebenskraft nicht mit einem bestimmten Bild geprägt wie bei dem „Übernehmen von Stimmungen", bei dem sehr oft eine dominante Person einer anderen den eigenen Willen aufzwingt.

Trotzdem ist die Lebenskraft, die der „Lebenskraft-Vampir" seinem „Opfer" abzieht, durch die Psyche des Opfers geprägt. Wenn der „Lebenskraft-Vampir" Antialkoholiker ist und das Opfer jedoch jeden Abend seine fünf Bier und ein Korn trinkt, dann wird der „Lebenskraft-Vampir" plötzlich ein heftiges Verlangen nach Bier verspüren.

Dieses Phänomen, daß man mit dem „Saugen" von Lebenskraft auch die Bilder aus der Psyche des Opfers aufsaugt, kann diesen Prozeß sehr überzeugend und real werden lassen. Solange nur Lebenskraft den Besitzer wechselt und der eine müde und der andere munter wird, kann man noch alle möglichen Erklärungen dafür finden, aber wenn jemand, der Alkohol nicht leiden kann, plötzlich ein heftiges Verlangen nach Alkohol bekommt, ist das schon sehr markant. Auf diese Weise habe ich selber dieses Phänomen entdeckt.

f) absichtlicher Energie-Vampir

Das, was bei dem eben geschilderten Fall von Lebenskraft-Vampirismus unabsichtlich geschieht, kann man natürlich auch ganz gezielt und bewußt machen. Dabei haben manche Menschen allerlei Taktiken entwickelt, um ihr Vorhaben durchzusetzen.

Zu diesen Taktiken zählen das Wecken von Mitleid, massiver psychischer Druck, Drohungen, Ablenkungsmanöver, das Ziehen des Opfers in von ihm unvorhergesehene Situationen, eine dominante Sprechweise, Lügen, ständiges Brechen von Abmachungen, physische Gewalt usw.

Bei dem „Übernehmen von Stimmungen" ist sich der Empfänger der Bilder meistens nicht wirklich über das, was tut, bewußt – das geschieht weitgehend instinktiv. Als geübter Magier kann man jedoch auch ganz gezielt jemandem Lebenskraft abziehen.

Es gibt auch die Möglichkeit, ohne jegliche äußere Handlung der Frau, die in der Bahn vor einem sitzt, dem Handwerker an der Tankstelle oder dem Kind im Laden Lebenskraft durch Willen und Imagination zu entziehen. Spätestens dann sollte dieser Lebenskraft-Vampirismus zu der Dunkelgrauen bis Schwarzen Magie gerechnet werden – man verbessert die eigene Situation auf Kosten von anderen, die nicht einmal wissen, was gerade geschieht.

Natürlich kann man zu diesem Thema recht verschiedene Meinungen haben, die von tiefster Empörung (die Ansicht von Opfern) bis hin zu der Meinung, daß sich eben der Stärkste durchsetzt (die Ansicht von Tätern) reichen kann.

Das, was hier übertragen wird, ist die Lebenskraft des Opfers, die lediglich mit den Bildern und Gefühlen aus der Psyche dieses Opfers geprägt ist.

Als Opfer kann man diese Form des Lebenskraft-Vampirismus weitgehend durch einen Schutzkreis oder durch das Pentagramm-Ritual abwehren.

g) Lebenskraft-Heilung

Es gibt die verschiedensten Methoden, mithilfe der Lebenskraft zu heilen. Dazu zählen u.a. Akupressur, Akupunktur, Pranayama (Atemübungen), Chakra-Erweckung, das Aufladen mit Lebenskraft, Homöopathie, Aurareinigung und Familienaufstellungen.

Durch die vier ersten Methoden (Akupressur, Akupunktur, Pranayama, Chakra-Erweckung) wird jedoch nichts übertragen, sondern nur die Verteilung der Lebenskraft im Körper sowie der Fluß der Lebenskraft verändert.

Bei dem Aufladen mit Lebenskraft wird Lebenskraft von einem Menschen auf einen anderen übertragen. Es gibt auch die Möglichkeit, mithilfe von Willen und Imagination Lebenskraft von der Erde, der Sonne, dem Mond, einer Gottheit usw. zu holen und in einen Patienten zu leiten. Diese zweite Methode ist der ersten Methode vorzuziehen, da man möglichst nie seine eigene Lebenskraft einem anderen senden sollte – diese Lebenskraft fehlt einem sonst anschließend selber.

Bei der Homöopathie wird die Qualität des Heilmittels nur in der Form einer Lebenskraft-Prägung auf den Patienten übertragen, in dem sie dann als Anregung, Inspiration und als „Lebenskraft-Katalysator" wirkt und die Krankheit auflöst. Die homöopathischen Globuli und Tröpfchen enthalten durch die starke Verdünnung der Ausgangssubstanz – z.B. Schwefel – bei der Herstellung des Heilmittels keine physischen Schwefel mehr, sondern nur noch die Lebenskraft des Schwefels, der dann durch das Einnehmen des Mittels in den Patienten gelangt.

Schließlich gibt es noch die Aurareinigung. Bei ihr werden durch Willen, Imagination und meistens auch durch passende Gesten Bilder und Prägungen aus dem Lebenskraftkörper des Patienten entfernt. Dies ist sozusagen eine „Anti-Übertragung", bei der nicht Lebenskraft-Bilder auf einen Menschen übertragen, sondern wieder aus ihm herausgenommen werden.

Auch bei den Familienaufstellungen werden in den allermeisten Fällen Bilder, die der Ratsuchende von seinen Vorfahren oder anderen Menschen freiwillig übernommen hat oder übertragen bekommen hat, an den „Sender" dieser Bilder zurückgegeben.

Diese „Anti-Übertragungen", also Entfernungen von störenden Lebenskraft-Bildern sind für Heilungen genauso wichtig wie die Übertragung von erwünschten Lebenskraft-Bildern. In der Regel sollte man zunächst die störenden Bilder entfernen und dann die erwünschten Bilder herbeiholen – erst „waschen", dann „einölen".

h) Segnungen

Ein Segen funktioniert im Prinzip genauso wie das eben beschriebene „Aufladen mit Lebenskraft". Man stellt die Verbindung zu der Gottheit o.ä. her, die die erwünschte Lebenskraft-Qualität hat und imaginiert dann, daß die Lebenskraft von der Gottheit zu dem Menschen, Tier, Ort, Gegenstand usw. fließt, der gesegnet oder geweiht werden soll. In der Regel wird diese Lebenskraft als Licht imaginiert.

Dieser schlichte Vorgang ist in der Magie und auch in vielen Religionen ein zentrales Element, das in vielen Zusammenhängen verwendet wird – vom Weihen eines Talismans über die Weihung des Abendmahls-Weins bis hin zu einer Einweihung.

i) Heilung durch Bewußtseins-Übertragung

Eine ganz andere Form der Heilung geschieht nicht mithilfe der Lebenskraft, sondern mithilfe des Bewußtseins des Heilers. Dabei stellt sich der Heiler vor, mit seinem Bewußtsein in den Körper des Patienten hinüberzuwechseln. Das klingt möglicherweise schwierig, ist es aber nicht. Man kann diesen Vorgang auch, wenn man möchte, als eine Traumreise in einen anderen Menschen auffassen – möglicherweise ist die Hemmschwelle dann kleiner.

Wenn man sich dann (in der eigenen Vorstellung) in dem Körper des anderen befindet, hat man es einfacher, z.B. den Zustand der Chakren und der Organe zu sehen und auch die Lebenskraft dort zu lenken.

Das klassische Anwendungsbeispiel sind Panik-Attacken. In so einem Fall wechselt der Heiler mit seinem Bewußtsein in den panischen Menschen und holt Lebenskraft aus dem Dritten Auge, in dem sich die Lebenskraft des Betreffenden gerade staut, und bringt sie in dessen Hara. Daraufhin wird die Panik-Attacke zumindestens so viel milder, daß man mit dem Betreffenden wieder über den Auslöser und die Hintergründe der Panik-Attacke reden und nach einer tiefergehenden Lösung für das Problem suchen kann.

j) Übertragung von physischen Fähigkeiten

Es gibt die erstaunlichsten Möglichkeiten, die sich durch die Übertragung von Lebenskraft ergeben. Am anschaulichsten ist vermutlich das Beispiel, durch das ich diesen Vorgang entdeckt habe.

Kurz nachdem mein Vater gestorben ist, der am Bau als Putzer gearbeitet hat, habe ich selber den Bioladen renoviert, in dem ich damals gearbeitet habe, wobei ich einige Mauern gezogen, Fenster und Türen eingesetzt und einen Fußoden gegossen habe. Ich habe derartige Arbeiten zwar bei meinem Vater immer wieder einmal gesehen und wußte, wie man das Handwerkszeug anfaßt, aber ich hatte keinerlei eigene Erfahrung und Übung damit.

Entsprechend meiner Ungeübtheit sah mein Verputzen der Wände auch lediglich passabel aus. Doch eines Tages, als ich die größte der Wände verputzt habe, floß die Arbeit auf einmal wie von selber und ich hatte sehr viel schneller als sonst die Wand völlig glatt verputzt. Ich war völlig verdutzt darüber, wo diese Fähigkeit auf einmal herkam und habe in mich gelauscht und sehr schnell die Präsenz meines verstorbenen Vaters gefunden.

Ich habe ihm dann für seine Hilfe gedankt, aber ihm sehr nachdrücklich gesagt, daß er das nächste mal, wenn er mir helfen will, „anklopfen" und mich um Erlaubnis fragen soll. Dem hat er auch zugestimmt.

Diese Übertragung von Fähigkeiten kann man auch gezielt anstreben, indem man sich innerlich mit jemandem verbindet, der die Tätigkeit, die man gerade ausführen will, gut beherrscht. Das ist sozusagen eine Invokation, die auf eine physische Tätigkeit ausgerichtet ist.

Dieses invozierte „sachkundige Wesen" kann der Vater sein, der Großvater, ein entfernter Verwandter, ein bestimmter Handwerker oder Wissenschaftler oder Musiker, ein Heiliger, eine Gottheit, eine Pflanze, ein Stein, ein Tier, ein Fabelwesen – hier sind der Phantasie keine Grenzen gesetzt.

k) Übertragung von magischen Fähigkeiten

Es lassen sich nicht nur physische, sondern auch magische Fähigkeiten übertragen. Der bekannteste Fall ist vermutlich der des Propheten Elias und seines Schülers Elisa aus dem „1. Buch der Könige" im Alten Testament. Dort wird Folgendes berichtet:

> Und Elia sprach zu Elisa: „Bleibe Du hier, denn der HERR hat mich nach Bethel gesandt.
>
> Elisa aber sprach: „So wahr der HERR lebt und Du lebst: Ich verlasse Dich nicht."
>
> Und als sie hinab nach Bethel kamen, gingen die Prophetenjünger, die in Bethel waren, heraus zu Elisa und sprachen zu ihm: „Weißt Du auch, daß der HERR heute Deinen Herrn hinwegnehmen wird (sterben), hoch über Dein Haupt hinweg?"
>
> Er aber sprach: „Auch ich weiß es wohl; schweigt nur still."
>
> Und Elia sprach zu ihm: „Elisa, bleib Du hier, denn der HERR hat mich nach Jericho gesandt."
>
> Er aber sprach: „So wahr der HERR lebt und Du lebst: Ich verlasse Dich nicht."
>
> Und als sie nach Jericho kamen, traten die Prophetenjünger, die in Jericho

waren, zu Elisa und sprachen zu ihm: „Weißt Du auch, daß der HERR heute Deinen Herrn hoch über Dein Haupt hinwegnehmen wird?"

Er aber sprach: „Auch ich weiß es wohl; schweigt nur still."

Und Elia sprach zu ihm: „Bleib Du hier, denn der HERR hat mich an den Jordan gesandt."

Er aber sprach: „So wahr der HERR lebt und Du lebst: Ich verlasse Dich nicht."

Und so gingen die beiden miteinander. Und fünfzig von den Prophetenjüngern gingen hin und standen von ferne; aber die beiden standen am Jordan.

Da nahm Elia seinen Mantel und wickelte ihn zusammen und schlug ins Wasser; das teilte sich nach beiden Seiten, sodaß die beiden auf trockenem Boden hinübergingen.

Und als sie hinüberkamen, sprach Elia zu Elisa: „Bitte, was ich Dir tun soll, ehe ich von Dir genommen werde."

Elisa sprach: „Daß mir zwei Anteile von Deinem Geiste (u.a. die magische Macht des Elias) zufallen."

Er sprach: „Du hast Schweres erbeten. Doch wenn Du mich sehen wirst, wie ich von Dir genommen werde, so wird's geschehen; wenn nicht, so wird's nicht sein."

Und als sie miteinander gingen und redeten, siehe, da kam ein feuriger Wagen mit feurigen Rossen, der schied die beiden voneinander. Und Elia fuhr im Wettersturm gen Himmel.

Elisa aber sah es und schrie: „Mein Vater, mein Vater, Du Wagen Israels und seine Reiter!", und sah ihn nicht mehr.

Da faßte er seine Kleider, zerriß sie in zwei Stücke und hob den Mantel auf, der Elia entfallen war, und kehrte um und trat wieder an das Ufer des Jordans.

Und er nahm den Mantel, der Elia entfallen war, und schlug ins Wasser und sprach: „Wo ist nun der HERR, der Gott Elias?", und schlug ins Wasser.

Da teilte es sich nach beiden Seiten, und Elisa ging hindurch.

Und als das die Prophetenjünger sahen, die gegenüber bei Jericho waren, sprachen sie: „Der Geist Elias ruht auf Elisa."

Und sie gingen ihm entgegen und fielen vor ihm nieder zur Erde und sprachen zu ihm: „Siehe, es sind unter Deinen Knechten fünfzig starke Männer, die laß gehen und Deinen Herrn suchen. Vielleicht hat ihn der Geist des HERRN genommen und auf irgendeinen Berg oder in irgendein Tal geworfen."

Er aber sprach: „Laßt sie nicht gehen!"

Aber sie nötigten ihn, bis er nachgab und sprach: „Laßt sie hingehen!"

Und sie sandten hin fünfzig Männer, und diese suchten Elia drei Tage; aber sie fanden ihn nicht.

Und sie kamen zu Elisa zurück, als er noch in Jericho war, und er sprach zu ihnen: „Sagte ich euch nicht, ihr solltet nicht hingehen?"

Die Fähigkeit, den Jordan zu teilen und trockenen Fußes hindurchzugehen, klingt sehr nach Magie für Fortgeschrittene – und ebenso die Möglichkeit, diese Fähigkeit beim eigenen Tod auf den eigenen Schüler zu übertragen.

Ähnliche Geschichten finden sich auch bei Yogis, tibetischen Lamas und ähnlichen Menschen. Auch die Stelle im Neuen Testament, in der Jesus Petrus auffordert, ihm zu vertrauen, um zu lernen, über Wasser zu gehen, ist solch eine Kraftübertragungs-Szene. Sie findet sich im Matthäus-Evangelium:

Gleich darauf drängte Jesus seine Jünger, in ihr Boot zu steigen und an das andere Ufer des Sees vorauszufahren. Er selbst blieb zurück, denn er wollte erst noch die Leute verabschieden.

Dann ging er auf einen Berg, um ungestört beten zu können. Bei Einbruch der Nacht war er immer noch dort, ganz allein.

Die Jünger waren schon weit draußen auf dem See, als ein Sturm herauf-zog. Der starke Gegenwind peitschte die Wellen auf und machte dem Boot schwer zu schaffen.

In den frühen Morgenstunden kam Jesus über den See zu ihnen. Als die Jünger ihn auf dem Wasser gehen sahen, waren sie zu Tode erschrocken.

„Es ist ein Gespenst!", meinten sie und schrien voller Entsetzen.

Aber Jesus sprach sie sofort an: „Habt keine Angst! Ich bin es doch, fürch-tet euch nicht!"

Da rief Petrus: „Herr, wenn Du es wirklich bist, dann befiehl mir, auf dem Wasser zu Dir zu kommen."

„Komm her!", antwortete Jesus.

Petrus stieg aus dem Boot und ging Jesus auf dem Wasser entgegen. Kaum war er bei ihm, da merkte Petrus, wie heftig der Sturm um sie tobte. Er er-schrak, und im selben Augenblick begann er zu sinken.

„Herr, hilf mir!", schrie er.

Sofort streckte Jesus ihm die Hand entgegen, hielt ihn fest und sagte: „Vertraust Du mir so wenig, Petrus? Warum hast Du gezweifelt?"

Sie stiegen ins Boot, und der Sturm legte sich.

Da fielen sie alle vor Jesus nieder und riefen: „Du bist wirklich der Sohn Gottes!"

Wenn man die Szenen in der Überlieferung betrachtet, in denen eine magische

Fähigkeit übertragen wird, findet man mehrere Elemente:

- die Übertragung geschieht direkt vor dem Tod (Elias und Elisa; ein Yogi und seine Schüler u.a.)
- die Schüler bitten den Meister darum (Elias und Elisa; Jesus und Petrus; die meisten Mahasiddhis in Nordindien; viele andere Fälle)
- die erste Übertragung, die ein Lehrer vornimmt, wird als die Wirkungsvollste angesehen (tibetische Lamas und ihre Schüler)

Es gibt den Fall, daß diese Übertragung sofort wirkt (wie bei Elias und Elisa und wie bei Christus und Petrus), aber auch den Fall, daß der Schüler erst einmal üben muß, um die Fähigkeit voll zu entfalten (bei den meisten Mahasiddhis).

In manchen Szenen ist auch nicht ganz deutlich, ob jemand eine Fähigkeit übertragen bekommen hat oder ob er diese Fähigkeit selber entwickelt hat wie z.B. bei dem Mahasiddhi Naropa, als er beim Verlassen der buddhistischen Universität von Nalanda über Wasser gegangen ist.

Die Übertragung von magischen Fähigkeiten ist oft eher unscheinbar und sieht mehr wie eine Nachahmung aus.

So lernt man das Durchführen von Traumreisen bei weitem am einfachsten, indem man zusammen mit jemanden, der sie bereits beherrscht, eine oder mehrere Traumreisen durchführt.

Dasselbe gilt auch für den bekannten „paper wheel"-Telekineseversuch (siehe diesen Versuch z.B. auf youtube): Wenn man ihn zusammen mit jemandem, der das bereits kann, durchführt, lernt man es in der Regel sehr viel schnell.

Auch der Feuerlauf ist solche eine Fähigkeit, die man (vollkommen formlos) übertragen bekommen kann. Bei einem Feuerlauf geht dem man barfuß über glühende Kohlen, nimmt sie in die Hände, legt sich nackt in die glühenden Kohlen oder ißt einzelne dieser Kohlen auf. Es gibt keine Anleitung dafür, wie man das macht, sondern man macht es einfach – aber es ist wesentlich einfacher, es anderen nachzumachen als es selber ohne Vorbild durchzuführen.

Ein Zwischending ist die Ausweitung einer Fähigkeit. So habe ich das Feuerlaufen durch ein Vorbild gelernt, aber diese Fähigkeit durch eine Art schalkhafter Freude auf das Glut-Anfassen, das Legen in die Glut, das Glut-Essen und Kirschkernspucken mit Glut-Stückchen ausgeweitet.

Offenbar gibt es eine Form der Übertragung, die sehr schlicht ist und die lediglich aus „Vorführen und Nachmachen" besteht.

Aus der Übertragung von magischen Fähigkeiten von Lehrer zu Schüler ergeben sich die „Übertragungs-Linien", die vor allem im Hindhuismus, im Buddhismus und im Christentum eine große Rolle spielen.

Die christliche Übertragungslinie beginnt bei Moses und führt dann über Joshua, Elias, Johannes den Täufer, Christus und Petrus zu der Folge der Päpste und von ihnen dann jeweils weiter zu den Kardinälen, Bischöfen, Äbten und Priestern.

Die Übertragungslinie, also die Folge der Yogis, Lamas, Propheten usw., zu der ein bestimmter Lehrer gehört, dem man begegnet ist, zeigt in etwa, was man von diesem Lehrer erwarten kann.

Auch in der abendländischen Magie spielen diese Übertragungslinien in der Form der Herkunft der einzelnen Magier-Orden eine große Rolle.

Der Begründer einer Übertragungslinie wird in Indien „Adi-Guru" genannt.

l) „nicht-menschliche" Übertragungen

Der Sender bei einer Übertragung muß nicht unbedingt ein Mensch sein. So habe ich einmal auf La Palma, als meine Freundin auf einem Bergweg in einem Tal, das voller Lorbeerbäume stand, völlig erschöpft war, in das Tal auf die Lorbeer-Bäume geblickt. Da habe ich auf einmal – ohne daß ich das angestrebt hätte – den Lorbeer-Elf gesehen, der eher wie ein 30m hoher Riese ausgesehen hat. Als ich ihn gefragt habe, ob er meiner Freundin helfen könnte, hat er genickt und sie kurz intensiv angeblickt und ist dann weitergegangen.

Meine Freundin war daraufhin auf einmal wieder völlig fit und konnte weiter den Bergweg hinaufgehen. Sie hat selber gemerkt, daß da etwas passiert war, bevor ich ihr erzählt habe, was ich gesehen hatte.

m) Silberschnur

Die Silberschnur ist eine Lebenskraft-Verbindung zwischen zwei Menschen, Tieren, Pflanzen, Dingen usw.

Da auch eine solche Lebenskraft-Schnur irgendwann entstehen muß, kann man – wenn man will – auch das Herstellen einer solchen Silberschnur als eine Übertragung auffassen: Der Sender überträgt eines der Enden der Silberschnur auf den Empfänger.

n) Übersicht

Die Übersicht aus dem vorigen Kapitel läßt sich nun deutlich erweitern:

Formen der Übertragung		
	absichtlich	*unabsichtlich*
innen	- Projektion - Introjektion - Aufmerksamkeits-Lenkung - Analogien - Einsgerichtetheit	- Symbol-Bildung - Träume - Projektion - Introjektion - Assoziationen - Fixierungen - Ersatz-Befriedigung
innen-außen	- Invokation - Analogien - Prinzipien - Analyse - Globalisierung - gewollt Krankheiten übernehmen (zum heilen) - Lebenskraft abgeben - absichtlicher Lebenskraft-Vampir - Lebenskraft-Heilung - Segnungen - Heilung durch Bewußtseins-Übertragung - Übertragung von physischen Fähigkeiten - Übertragung von magischen Fähigkeiten - „nicht-menschliche" Übertragungen - Silberschnüre	- Stimmungen übernehmen - ungewollt Krankheiten übernehmen - Lebenskraft abgeben - unabsichtlicher Lebenskraft-Vampir - Silberschnüre

4. Übertragungen in der Meditation

Auch in der Meditation sind Übertragungen ein gut bekanntes Hilfsmittel – auch wenn sie normalerweise nicht so genannt werden. Wegen diesen Übertragungen suchen viele zum Erlernen der Meditation einen „Guru" auf.

a) Meditation

Es gibt eine große Zahl an Meditationen, in denen sich der Meditierende imaginativ in eines der vier Elemente hüllt oder in eine Lichtkugel mit der Qualität und der Symbolfarbe eines der zehn Planeten. Seltener werden dabei auch die ca. 25 Runen Runen, die 64 Hexagramme des I Ging, die 256 Elemente des westafrikanischen Ifa-Orakels und ähnliches verwendet.

Dem sind auch die Mantra-Meditationen vergleichbar, bei denen das Mantra durch Worte die angestrebte Qualität definiert.

Dies sind alles Übertragungen der jeweiligen Qualität des Symbols bzw. Mantras auf den Meditierenden.

b) Invokation

Die Invokation ist bereits genannt worden. Hier gibt es zum einen die magische Methode, bei der der Magier spricht, sich bewegt, imaginiert usw. Die andere Methode ist das meditative Verfahren, bei der der Meditierende schweigt, still dasitzt und nur imaginiert.

Beiden Methoden gemeinsam ist die Imagination des Wesens, dessen Qualitäten man erlangen will. In der Magie wird dieses Wesen (fast immer eine Gottheit) in der Regel vor einem selber imaginiert – in der Meditation wird dieses Wesen (eine Gottheit oder der Guru) in der Regel über dem eigenen Kopf imaginiert.

Im Verlauf der Invokation rückt das angerufene Wesen immer näher an den Magier bzw. den Meditierenden heran und vereint sich schließlich mit ihm.

Hier ist die Übertragung des Bildes des Wesens auf den Invozierenden ausgesprochen deutlich und bewußt.

c) Übersicht

Die Übersicht aus dem vorigen Kapitel läßt sich nun noch einmal ein wenig erweitern:

Formen der Übertragung		
	absichtlich	*unabsichtlich*
innen	- Projektion - Introjektion - Aufmerksamkeits-Lenkung - Analogien - Einsgerichtetheit	- Symbol-Bildung - Träume - Projektion - Introjektion - Assoziationen - Fixierungen - Ersatz-Befriedigung
innen-außen	- Invokation - Analogien - Prinzipien - Analyse - Globalisierung - gewollt Krankheiten übernehmen (um sie zu heilen) - Lebenskraft abgeben - absichtlicher Lebenskraft-Vampir - Lebenskraft-Heilung - Segnungen - Heilung durch Bewußtseins-Übertragung - Übertragung von physischen Fähigkeiten - Übertragung von magischen Fähigkeiten - „nicht-menschliche" Übertragungen - Silberschnüre - Meditation	- Stimmungen übernehmen - ungewollt Krankheiten übernehmen - Lebenskraft abgeben - unabsichtlicher Lebenskraft-Vampir - Silberschnüre

5. Übertragungen in der Magie

Die Invokation als eine Form der magischen Übertragung ist bereits beschrieben worden. Es gibt jedoch noch einige weitere Formen der Übertragung in der Magie.

a) Telepathie

In der Telepathie wird ein einzelner Gedanke, ein einzelnes Bild oder ein einzelner Impuls von einem Menschen zu einem anderen gesendet. Es gibt aber genausogut auch die direkte Wahrnehmung z.B. des Inhaltes eines Briefumschlags, des Ortes, an dem ein verlorener Schlüssel liegt usw.

Während man bei dem „Senden eines Gedankens" noch das Bild der Übertragung benutzen könnte (Sender → Nachricht → Empfänger), funktioniert dies bei dem Suchen und Finden eines verlorenen Gegenstandes nicht mehr.

Der Senden-Aspekt der Telepathie ist eine Übertragung, der Wahrnehmungs-Aspekt der Telepathie is hingegen keine Übertragung, sondern eben eine Wahrnehmung.

b) Telekinese

Bei der Telekinese bewegt man direkt vom Bewußtsein aus ohne Zuhilfenahme der Hände o.ä. einen Gegenstand. Man könnte dies als Übertragung von Lebenskraft beschreiben, wenn man dabei die Vorstellung hat, daß die Lebenskraft so etwas ähnliches wie „unsichtbare Golfbälle" sind, die von dem Sender geworfen werden und einen Impuls auf das Zielobjekt übertragen.

Für die Richtigkeit dieser „Golfball"-Vorstellung gibt es jedoch kaum Hinweise – das Modell „Lebenskraft ist der Übergang zwischen Bewußtsein und Materie" ist deutlich eleganter.

Daher sollte man auch die Telekinese nicht als Übertragung auffassen, sondern eher als „Handlung durch das Bewußtsein".

c) Weihungen

Weihungen entsprechen weitestgehend der bereits beschriebenen Segnung: Das Lebenskraft-Bild eines Elementes, eines Planeten, einer Gottheit usw. wird auf einen Menschen, ein Tier, einen Ort, ein Gebäude (Tempel u.ä.), einen Gegenstand (Talisman u.ä.) übertragen. Dadurch erhält das Betreffende die Qualität des Elementes, des Planeten, der Gottheit usw.

Durch die Weihung wird das Geweihte zu einem Wohnort, zu einem Leib für das, was man bei der Weihung angerufen hat.

Am deutlichsten ist dies bei der Weihung von Götterstatuen oder Ahnenstatuen, die dadurch mit Lebenskraft erfüllt und zu einem funktionsfähigen Aufenthaltsort für die Gottheit bzw. den Ahn werden. Der Unterschied zwischen einer ungeweihten Statue und einer „von einer Gottheit bewohnten Statue" ist ausgesprochen groß und kaum zu übersehen. In manchen Sprachen wie z.B. im Indischen gibt es daher für „ungeweihte Statue" und für „geweihte und bewohnte Statue" sogar zwei verschiedene Worte.

Zu diesen Weihungen zählen auch die anrufenden Elemente-Pentagramme und die anrufenden Planeten-Hexagramme.

d) Reiki

Das inzwischen recht bekannte Reiki ist technisch gesehen ein Segen: Es wird der Kontakt zu einer Gottheit o.ä. hergestellt, die dann ihre Kraft in den Gesegneten fließen läßt.

Man könnte diesen Vorgang auch als eine Invokation ansehen, wobei der Invozierende die Gottheit nicht in sich selber lenkt, sondern in einen anderen Menschen.

e) Imagospurius

Ein Imagospurius ist ein künstlich hergestellter Geist. Er entsteht durch seine Imagination durch oft mehrere Personen, durch den Namen, den man ihm gibt, durch den Platz am gemeinsamen Tisch, den man ihm gibt, durch die magischen Aufgaben, die man ihm überträgt usw.

Der Imagospurius entsteht also durch Imaginationen und durch Handlungen und Gesten – man behandelt ihn wie einen realen, aber unsichtbaren und ungreifbaren Menschen, mit dem man jedoch sprechen kann.

Da in diesem Fall nicht die Lebenskraft z.B. von einer Gottheit geholt und zu der

Gestalt des Imagospurius geformt wird, sondern Teile der Lebenskraft der Teilnehmer bei der Erschaffung des Imagospurius in diesen fließen, handelt es sich hier zwar allgemein gesehen um eine Übertragung, aber „Abspaltung" wäre das präzisere Wort, da die Teilnehmer einen Teil ihrer eigenen Lebenskraft in den Imagospurius stecken.

f) Spiritus familiaris

Der Unterschied zwischen einem Imagospurius und einem Spiritus familiaris besteht darin, daß der Imagospurius ein reines Lebenskraft-Wesen ist, während der Spiritus familiaris auch einen physischen Körper hat, der oft aus einem Bienen-wachs/Lehm-Gemisch hergestellt wird, aber auch eine Statue, eine Stoffpuppe o.ä. sein kann.

Dieser physische Körper erleichtert das Imaginieren und er ist ein „Gefäß" für die Lebenskraft, die man in ihn lenkt. Bei dem Spiritus familiaris wird manchmal auch nicht nur die eigene Lebenskraft, sondern auch die Lebenskraft der vier Elemente oder einer Gottheit verwendet.

g) Voodoo-Puppe

Die Voodoo-Puppe ist ein Spezialfall. Sie stellt einen ganz bestimmten Menschen dar. Das, was man mit dieser Puppe tut (beschützen, nähren, verbrennen, das Bein brechen, ertränken usw.), geschieht auch mit dem Menschen, den diese Puppe dar-stellt.

Man kann diesen Zusammenhang als Silberschnur auffassen, der die Puppe mit dem Menschen verbindet.

Man kann diesen Zusammenhang auch als Analogie auffassen: der Puppe und dem Menschen geschieht dasselbe.

Schließlich kann man diesen Zusammenhang auch noch als Übertragung beschrei-ben: das, was mit der Puppe geschieht, wird auf den Menschen übertragen.

Hier zeigt sich, daß das Konzept der Übertragung nützlich ist, weil man mit seiner Hilfe viele Vorgänge beschreiben kann und sie daher auch besser versteht, aber das keineswegs alle magischen Vorgänge Übertragungen sind oder sich nur als Über-tragungen beschreiben lassen.

Das Konzept der Übertragung ist genau in dem Maße nützlich, wie es die Vorgänge in der Magie klarer macht und dadurch die Möglichkeit für ein effektiveres Ausüben der Magie ermöglicht.

g) Übersicht

Die Übersicht aus dem vorigen Kapitel läßt sich nun noch einmal ein wenig erweitern. Aufgrund der zunehmenden Fülle an Beispielen ist es hilfreich, diese Übersicht noch ein wenig stärker zu differenzieren.

Formen der Übertragung		
	absichtlich	*unabsichtlich*
innen → *innen*	- Projektion - Introjektion - Aufmerksamkeits-Lenkung - Analogien - Einsgerichtetheit	- Symbol-Bildung - Träume - Projektion - Introjektion - Assoziationen - Fixierungen - Ersatz-Befriedigung
innen → *außen*	- Lebenskraft abgeben - Lebenskraft-Heilung - Heilung durch Bewußtseins-Übertragung - Übertragung von physischen Fähigkeiten - Übertragung von magischen Fähigkeiten - „nicht-menschliche" Übertragungen - Silberschnüre - Imagospurius	- Lebenskraft abgeben - Silberschnüre
außen → *innen*	- Analogien - Prinzipien - Analyse - Globalisierung - Invokation - Übertragung von physischen Fähigkeiten - Übertragung von magischen Fähigkeiten - „nicht-menschliche" Übertragungen - Meditation	- Stimmungen übernehmen - ungewollt Krankheiten übernehmen - unabsichtlicher Lebenskraft-Vampir
außen → *außen*	- gewollt Krankheiten übernehmen (um sie zu heilen) - absichtlicher Lebenskraft-Vampir - Segnungen - Weihungen - Reiki - Spiritus familiaris - Voodoo-Puppe - anrufende Elemente-Pentagramme - anrufende Planeten-Hexagramme	

6. spezielle Übertragungen

Einige der Übertragungen in der Magie sind so speziell, daß sie nicht gleich als Übertragungen erkenntlich sind.

a) Hypnose

Die Hypnose ist eine Form der Bewußtseinsübertragung. Der Hypnotiseur schaltet durch seine Worte und vor allem durch seine dominante Haltung das Wachbewußtsein des Hypnotisierten aus und setzt sein eigenes Wachbewußtsein an die Stelle des Wachbewußtseins der Hypnotisierten.

Bei der Bewußtseinsübertragung zu Heilungszwecken wechselt der Magier mit seinem Bewußtsein in den Körper des Patienten, der jedoch bewußt bleibt und in den meisten Fällen auch die Anwesenheit des Bewußtseins des Magier in sich deutlich wahrnehmen kann.

Bei der Hypnose bleibt der Hypnotiseur jedoch mit seinem Bewußtsein in seinem eigenen Körper und dehnt sein Bewußtsein lediglich auf den Hypnotisierten aus. Er ist danach in der Lage, den Körper des Hypnotisierten annäherungsweise wie seinen eigenen Körper zu lenken – in der Regel durch Worte. Bei ausreichender Konzentrationsfähigkeit und Imaginationsfähigkeit des Hypnotisieurs kann dieser den Hypnotisierten jedoch auch wortlos lenken.

Die Hypnose hat auch Ähnlichkeit mit der „Übertragung von Stimmungen" – in beiden Fällen gibt es eine dominante Person und eine andere Person, die sich dominieren läßt.

b) Astralreise

Bei der Astralreise verläßt der Lebenskraftkörper den materiellen Körper und nimmt dabei das eigene Bewußtsein und die eigene Wahrnehmungsfähigkeit mit.

Wenn man will, kann man diesen Vorgang als eine Übertragung des Lebenskraftkörpers aus dem physischen Leib in den Umraum hinein auffassen und beschreiben. Das ist zwar Magie-technisch gesehen eine zutreffende Beschreibung, aber sie führt zunächst einmal zu keinen neuen Erkenntnissen.

c) Geister

Man kann einen Geist als einen Astralkörper ohne physischen Leib ansehen. Der Astralkörper des Toten ist bei seinem Tod aus seinem toten Leib in den Umraum übertragen worden. Bei dieser Beschreibung ist der Begriff „Übertragung" allerdings schon ziemlich weit ausgedehnt worden.

d) Zeugung

Im Gegensatz zu der „Übertragung des Astralkörpers in den Umraum beim Tod" ist es naheliegend, das „sich-Niederlassen" der Seele in der bei der Zeugung befruchteten Eizelle als eine Übertragung anzusehen – diesmal vom Umraum in den Körper hinein.

e) Phowa

Eine extreme Form der Bewußtseinsübertragung ist das Phowa, das aus Tibet bekannt ist. Dabei wechselt ein Lama kurz vor seinem Tod in einen anderen Körper.

Dies nimmt er dann vor, wenn er mit dem, was er sich für sein Leben vorgenommen hat, noch nicht fertig ist.

Als Körper wählt er den Leib eines jungen Menschen, der vor kurzem gestorben ist. Mithilfe der eigenen Lebenskraft heilt er den Leib des Toten und erweckt ihn wieder zum Leben – so wie Jesus den Lazarus.

Das Bewußtsein des alten Lamas wird hierbei dauerhaft in den wiederbelebten Körper des jungen Toten übertragen. Natürlich sind solche sehr fortgeschrittenen Magie-Methoden nur schwer nachprüfbar – wer hat schon solch ein Ereignis miterlebt?

f) Übersicht

Die Übersicht enthält inzwischen zunehmend mehr Elemente, die in der Magie eine Rolle spielen.

Formen der Übertragung		
	absichtlich	*unabsichtlich*
innen → *innen*	- Projektion / Introjektion - Aufmerksamkeits-Lenkung - Analogien - Einsgerichtetheit	- Symbol-Bildung - Träume - Projektion / Introjektion - Assoziationen - Ersatz-Befriedigung - Fixierungen
innen → *außen*	- Lebenskraft abgeben - Lebenskraft-Heilung - Heilung durch Bewußtseins-Übertragung - Übertragung von physischen Fähigkeiten - Übertragung von magischen Fähigkeiten - „nicht-menschliche" Übertragungen - Silberschnüre - Imagospurius - Hypnose - Astralreise	- Lebenskraft abgeben - Silberschnüre - Geister
außen → *innen*	- Analogien - Prinzipien - Analyse - Globalisierung - Invokation - Übertragung von physischen Fähigkeiten - Übertragung von magischen Fähigkeiten - „nicht-menschliche" Übertragungen - Meditation - Zeugung	- Stimmungen übernehmen - ungewollt Krankheiten übernehmen - unabsichtlicher Lebenskraft-Vampir
außen → *außen*	- gewollt Krankheiten übernehmen (um sie zu heilen) - absichtlicher Lebenskraft-Vampir - Segnungen - Weihungen - Reiki - Spiritus familiaris - Voodoo-Puppe - anrufende Elemente-Pentagramme - anrufende Planeten-Hexagramme	
innen → *außen* → *innen*	- Phowa	

7. zeitliche Übertragungen

Es gibt nicht nur räumliche Übertragungen, sondern auch zeitliche Übertragungen – auch wenn dies zunächst einmal etwas seltsam klingen mag.

a) Reinkarnation

Hier ist nicht der Raum, um die Existenz von Reinkarnation zu beweisen oder zu widerlegen – das würde den Rahmen dieser Betrachtung vollkommen sprengen.
(Bei Bedarf siehe mein Buch „Reinkarnation".)
Reinkarnation bedeutet, das ein Mensch mehr als nur einmal lebt. Da dabei der physische Körper nicht wiedergeboren wird, sondern lediglich der nichtmaterielle Teil des Menschen (also die Seele) ein neues „Zuhause" findet, kann man die Reinkarnation – vereinfacht gesagt – als den Umzug der Seele von dem alten Körper in einen neuen Körper beschreiben. Das ist offensichtlich eine Übertragung von dem einen Körper in einen anderen Körper.
Da sich diese beiden Körper nicht gleichzeitig nebeneinander oder nah beieinander befinden (wie beim Phowa), gibt es eine zeitliche Lücke zwischen dem Verlassen des alten Körpers und dem Eintritt in den neuen Körper. Daher wird bei dieser Übertragung nicht nur der Raum, sondern auch die Zeit überbrückt.
Da der Raum und die Zeit – wie seit Einstein bekannt ist – fest zusammengehören und gemeinsam die Raumzeit bilden, ist das nicht ganz so seltsam, wie es auf den ersten Blick zu sein scheint.
Dieser Vorgang ist jedoch meistens unbewußt bis halbbewußt – schließlich kann sich nicht jeder Menschen genau so gut an seine früheren Leben erinnern, wie an die Tage in der vorigen Woche seines derzeitigen Lebens.

b) Tulkus

Die ca. 1000 tibetischen Tulkus sind ein Sonderfall von der im vorigen Abschnitt beschriebenen Regel. Diese Tulkus sind Lamas, also tibetisch-buddhistische Mönche, die sich sowohl an frühere Leben erinnern können als auch ihr nächstes Leben vorhersagen können, sodaß sich überprüfen läßt, ob das Kind, das erst noch geboren werden wird und das von dem Tulku beschrieben worden ist, tatsächlich dieser wiedergeborene Tulku ist. Bei dieser Prüfung muß das Kind Gegenstände erkennen, die dem

Tulku gehört haben, und es muß sich an die Dinge, die es in seinem früheren Leben gelernt hat, erinnern können.

Ein Tulku hat also eine klare Erinnerung an seine früheren Leben und er hat eine ebenso klare Wahrnehmung seines zukünftigen Lebens, d.h. er ist zu einer klaren und bewußten Übertragung seines Bewußtseins auf sein nächstes Leben in der Lage.

c) Weissagen

Bei Weissagungen, Wahrträumen und anderen Formen des Vorhersehens der Zukunft kann man höchstens sagen, daß der Seher in der Lage ist, ein Bild von der Zukunft zu empfangen. Ob man dies als Übertragung von der Zukunft in die Gegenwart ansehen sollte, ist zumindestens fraglich – obwohl es natürlich denkbar ist, daß dies eine zutreffende Beschreibung dieses Vorgangs ist.

d) Übersicht

Für die zeitlichen Übertragungen muß eine neue Spalte in diese Übersicht eingefügt werden.

Formen der Übertragung		
	absichtlich	*unabsichtlich*
innen → *innen*	- Projektion / Introjektion - Aufmerksamkeits-Lenkung - Analogien - Einsgerichtetheit	- Symbol-Bildung - Träume - Projektion / Introjektion - Assoziationen - Fixierungen - Ersatz-Befriedigung
innen → *außen*	- Lebenskraft abgeben - Lebenskraft-Heilung - Heilung durch Bewußtseins-Übertragung - Übertragung von physischen Fähigkeiten - Übertragung von magischen Fähigkeiten - „nicht-menschliche" Übertragungen - Silberschnüre - Imagospurius - Hypnose - Astralreise	- Lebenskraft abgeben - Silberschnüre - Geister
außen → *innen*	- Analogien - Prinzipien - Analyse - Globalisierung - Invokation - Übertragung von physischen Fähigkeiten - Übertragung von magischen Fähigkeiten - „nicht-menschliche" Übertragungen - Meditation - Zeugung	- Stimmungen übernehmen - ungewollt Krankheiten übernehmen - unabsichtlicher Lebenskraft-Vampir
außen → *außen*	- gewollt Krankheiten übernehmen (um sie zu heilen) - absichtlicher Lebenskraft-Vampir - Segnungen - Weihungen - Reiki - Spiritus familiaris - Voodoo-Puppe - anrufende Elemente-Pentagramme - anrufende Planeten-Hexagramme	
innen → *außen* → *innen*	- Phowa	
zeitlich	- Tulkus	- Reinkarnation

8. komplexe Übertragungen

Manche Übertragungen sind Teil eines komplexen Systems von Polarisierungen, Übertragungen, Fixierungen und ähnlichen Struktur-Elementen.

a) Chakrensystem

Die Chakren sind die Organe des Lebenskraftkörpers. Sie haben einen symmetrischen Aufbau:

- Im Zentrum ist die Identität im Herzckakra;
- darüber und darunter sind die beiden emotionalen Impuls-Chakren – das Halschakra und das Sonnengeflecht;
- darüber und darunter sind wiederum die beiden konkretisierenden Form-Chakren – Drittes Auge und Hara;
- und darüber und darunter sind ganz außen die beiden Kontakt-Chakren – Scheitelchakra und Wurzelchakra.

Die drei oberen Chakren (Halschakra, Drittes Auge, Scheitelchakra) richten sich nach außen auf das Verhalten in der Gemeinschaft und in der Umwelt hin; die drei unteren Chakren (Sonnengeflecht, Hara, Wurzelchakra) richten sich nach innen auf die Vorgänge im Körper und auf seine Bewegungen. Dadurch bilden immer zwei Chakren je ein Paar.

Innerhalb eines solchen Paares besteht im Idealfall ein ungefähres Gleichgewicht in Bezug auf die Verteilung der Lebenskraft. Wenn dies der Fall ist, ruhen die beiden Impuls-Chakren in Selbstliebe, die beiden Form-Chakren in Kraft, und die beiden Kontakt-Chakren in Fülle.

Es kommt jedoch den statistischen Untersuchungen der Psychologen bei ca. einem Drittel der Menschen zu weitgehenden Störungen dieser drei Grundeigenschaften oder Grundfähigkeiten. Aus Sicht der Chakren bedeutet das eine ungleichmäßige Verteilung der Lebenskraft in einem Chakren-Paar. Je nachdem, wo sich in den sechs äußeren Chakren ein Lebenskraft-Stau oder ein Lebenskraft-Mangel befindet, entstehen die sechs Grundtypen der Abweichung vom heilen Zustand.

Das fast vollständige Fließen der Lebenskraft in einem Chakren-Paar zu einem der beiden Chakren ist die grundlegende Form der Übertragung in einem Menschen. Im allgemeinen ist es so, daß ein Mensch bei einer Störung des Lebenskraft-Gleichgewichts in den sechs äußeren Chakren entweder in allen drei oberen oder in allen drei unteren Chakren einen Lebenskraft-Stau hat – die jeweils anderen drei Chakren sind dann im Lebenskraft-Mangel.

Bei einem Lebenskraft-Stau in den drei oberen Chakren erhält man den „leisen" Flucht-Typ (Asket, Opfer, Fan); bei einem Lebenskraft-Stau in den drei unteren Chakren den „lauten" Angriffs-Typ (Süchtiger, Täter, Star).

Allerdings gibt es so gut wie immer die Betonung eines der drei Chakren-Paare – sie sind dann das Hauptproblem des betreffenden Menschen.

Die sechs Typen von Störungen, die durch diese sechs möglichen Lebenskraft-Übertragungen entstehen, sind:

> vom Wurzelchakra (Mangel) zum Scheitelchakra (Stau): Asket
> vom Scheitelchakra (Mangel) zum Wurzelchakra (Stau): Süchtiger
>
> vom Hara (Mangel) zum Dritten Auge (Stau): Opfer
> vom Dritten Auge (Mangel) zum Hara (Stau): Täter
>
> vom Sonnengeflecht (Mangel) zum Halschakra (Stau): Fan
> vom Halschakra (Mangel) zum Sonnengeflecht (Stau): Star

Der Lebenskraft-Ausgleich zwischen den beiden Chakren eines solchen polarisierten Paares ist die Hauptaufgabe aller Psychologen – wobei sie das natürlich in der Regel nicht mithilfe der Chakren und der Lebenskraft formulieren würden.

Wenn die Übertragung fast der gesamten Lebenskraft eines Chakren-Paares auf eins der beiden Chakren wieder rückgängig gemacht werden kann, verwandeln sich die Eigenschaften in den polarisierten Chakren wieder zu der ursprünglichen Eigenschaft in diesen beiden Chakren zurück:

> Mangel:
> > Verzicht des Asketen
> > + Gier des Süchtigen
> > > => Fülle
>
> Angst:
> > Ohnmacht des Opfers
> > + Macht des Täters
> > > => Kraft
>
> Selbstzweifel:
> > Minderwertigkeitsgefühle des Fans
> > + Größenwahn des Stars
> > > => Selbstliebe

b) Polarisierungen

Die eben beschriebenen Polarisierungen finden sich nicht nur innerhalb der Psyche, sondern auch außerhalb in dem Leben des Betreffenden. Dies liegt daran, daß jedes Extrem sein Gegenextrem anzieht und gar nicht ohne dieses Gegenextrem existieren kann.

Jeder Süchtige zieht einen Asketen an.
Jeder Asket zieht einen Süchtigen an.

Jeder Täter zieht ein Opfer an.
Jedes Opfer zieht einen Täter an.

Jeder Star zieht einen Fan an.
Jeder Fan zieht einen Star an.

Anfangs ergänzen sich die beiden Menschen in einem solchen polarisierten Paar, doch nach einer Weile tritt diese Polarisierung und das ihr zugrundeliegende Gefühl des Mangels, der Angst oder der Selbstzweifel zutage und kann das Zusammensein zur Hölle machen.

Dieser Versuch heil zu werden, indem man (unbewußt) im Außen den Gegenpol zu der eigenen Einseitigkeit sucht, ist eine weitere Übertragung:

Der Süchtige sehnt sich nach dem Nichts-Brauchen des Asketen, weil er glaubt, dadurch die Zufriedenheit zu erreichen. Er projiziert das Mangel-Bild in seinem Scheitelchakra auf einen Asketen im Außen, von dem er die Lösung seines Mangel-Problems erhofft.

Der Asket sehnt sich nach dem Alles-Nehmen des Süchtigen, weil er glaubt, dadurch die Zufriedenheit zu erreichen. Er projiziert das Mangel-Bild in seinem Wurzelchakra auf einen Süchtigen im Außen, von dem er die Lösung seines Mangel-Problems erhofft.

Der Täter sehnt sich nach dem Gehorsam des Opfers, weil er glaubt, dadurch die Kraft zu erreichen. Er projiziert das Angst-Bild in seinem Dritten Auge auf ein Opfer im Außen, von dem er die Lösung seines Angst-Problems erhofft.

Das Opfer sehnt sich nach der Allmacht des Täters, weil es glaubt, dadurch die Kraft zu erreichen. Er projiziert das Angst-Bild in seinem Hara auf einen Täter im Außen, von dem er die Lösung seines Angst-Problems erhofft.

Der Star sehnt sich nach der Bestätigung durch den Fan, weil er glaubt, dadurch die Selbstliebe zu erreichen. Er projiziert das Selbstzweifel-Bild in seinem Halschakra auf einen Fan im Außen, von dem er die Lösung seines Selbstzweifel-Problems erhofft.

Der Fan sehnt sich nach der Berühmtheit des Stars, weil er glaubt, dadurch die Selbstliebe zu erreichen. Er projiziert das Selbstzweifel-Bild in seinem Sonnengeflecht auf einen Star im Außen, von dem er die Lösung seines Selbstzweifel-Problems erhofft.

Dieser Ansatz zur Lösung der Polarisierung funktioniert natürlich nicht, da er immer in dem Bild des Mangels, der Angst oder der Selbstzweifel bleibt und nicht zurück zu der Fülle, der Kraft und der Selbstliebe gelangt.

Die Heilung einer solchen Polarisierung kann immer nur im eigenen Inneren geschehen.

Diese Polarisierung spaltet das eigene innere Bild der Fülle, der Kraft und der Selbstliebe in je zwei Bilder des Mangels, der Angst oder der Selbstzweifel. Das eine dieser jeweils zwei Bilder lebt man selber, das andere überträgt man auf einen anderen Menschen, der das Gegenstück zu dem selber gewählten Bild lebt.

Natürlich ist diese Übertragung fast immer gegenseitig – was diese Form der Übertragung auch derart stabil macht, obwohl sie zu einer unerträglichen Beziehung führt:

Ein Süchtiger überträgt sein inneres Asketen-Bild auf einen Asketen – zugleich überträgt der Asket sein inneres Süchtigen-Bild auf den Süchtigen.

Ein Täter überträgt sein inneres Opfer-Bild auf ein Opfer – zugleich überträgt das Opfer sein inneres Täter-Bild auf den Täter.

Ein Star überträgt sein inneres Fan-Bild auf einen Fan – zugleich überträgt der Fan sein inneres Star-Bild auf den Star.

Das ist sehr wahrscheinlich die wichtigste und prägendste Übertragung im Leben eines Menschen.

c) Beziehungsmandala

Aus dem, was in diesem Kapitel bisher beschrieben worden ist, ergibt sich, daß Menschen eine bestimmte Beziehungs-Konstellation in ihrem Leben haben.
Diese Konstellation entsteht schrittweise:

Zunächst einmal gab es am Anfang die Seele, die sich inkarniert hat – sie ist das Zentrum der Psyche und somit auch das Zentrum des Beziehungs-

Mandalas, mit dessen Hilfe man diese Beziehungs-Konstellation graphisch darstellen kann.

Da die Lebenskraft polar ist, spiegelt sich die Seele zweimal in der Lebenskraft, wodurch das ursprüngliche, heile innere Männerbild und das ursprüngliche, heile innere Frauenbild des betreffenden Menschen entsteht. Bei einem Mann wird das Männerbild zu dem Selbstbild und das Frauenbild zu dem Suchbild – bei einer Frau ist dies umgekehrt.

Da zum einen die Haupteigenschaft der Seele die Selbstliebe ist, und da zum anderen der innere Mann und die innere Frau beides Spiegelbilder der Seele sind, erscheint die Selbstliebe der Seele zwischen diesen beiden Spiegelbildern der Seele als die Liebe zwischen Mann und Frau.

Wenn sich die Psyche weitgehend ungestört entwickeln kann, entstehen keine weiteren größeren Strukturen mehr. Der oder die Betreffende sucht sich im Außen den Mann bzw. die Frau, die seinem Suchbild entspricht und die beiden werden zusammen mehr oder weniger glücklich sein, da sie genau das in ihrem Leben haben, was sie auch gesucht haben – und was ihren eigenen heilen inneren Bildern entspricht.

Wenn der Mensch jedoch heftige Dinge erlebt, ein Trauma erleidet und daher die Lebenskraftverteilung in seinen Chakren polarisiert, verliert er die Verankerung in seinem heilen Zustand, d.h. in seiner Seele. Der Betreffende wird dann zu einem Süchtigen oder Asketen, zu einem Täter oder Opfer, oder zu einem Star oder Fan.

Daraus ergeben sich dann neue, prägende Strukturen in der Psyche. Wenn der Betreffende z.B. die Flucht-Reaktion des Asketen, also den Verzicht als Lösung für seine Probleme wählt, dann entstehen in seinem Leben die folgenden Grundtypen von Menschen, zu denen er eine Beziehung hat:

- (selber)
Der betreffende Mann ist selber Asket, d.h. er hofft, durch Verzicht inneren Frieden zu finden. Das führt dazu, daß er die Welt unter dem Gesichtspunkt des Mangels sieht und überall Asketen und natürlich auch Süchtige sieht, da diese der Gegenpol des Asketen sind. Vielleicht begegnen ihm auch andere Menschen, mit denen er jedoch nicht viel anfangen kann.

- (gleiches Geschlecht, gleiche Polarisierung)
Der asketische Mann trifft andere Asketen, mit denen er sich zusammentut – sie sind Leidensgenossen und werden evtl. auch zu Freunden.

- (ungleiches Geschlecht, gleiche Polarisierung)

Der Asket wird auch Frauen begegnen, die Asketen sind. Auch sie werden als Leidensgenossinnen erlebt und auch zu ihnen kann er eine (nicht-erotische) Freundschaft entwickeln.

- (gleiches Geschlecht, ungleiche Polarisierung)

Eine ganz andere Dynamik entwickelt der Asket zu den (männlichen) Süchtigen. Sie sind zum einen sein Feindbild, da sie aus seiner Sicht das Verhalten haben, was die Ruhe und Ordnung stört und was nur zu Chaos, Leid und schließlich zum Tod führt. Daher wird er zu den Süchtigen hingezogen, leidet unter ihnen, will sie verändern und scheitert immer wieder an ihnen. Zum anderen sind die Süchtigen auch sein Suchbild, da sie das tun, was der Asket heimlich ersehnt. Wenn ein solcher Süchtiger aus privaten Gründen in dem Leben des Asketen ist – z.B. als Bruder, Sohn oder Vater – dann kann ein endloser und fruchtloser Kampf zwischen dem Asketen und dem Süchtigen entstehen.

- (ungleiches Geschlecht, ungleiche Polarisierung)

Der Asket sucht sich fast immer eine Süchtige als Beziehungs-Partnerin, denn hier ist die Anziehung am größten: gegensätzliches Geschlecht und gegensätzliche Polarisierung. Allerdings ist die gegensätzliche Polarisierung kein „heiler Ergänzungs-Gegensatz", sondern ein „kranker Polarisierungs-Gegensatz", was bedeutet, das eine solche Beziehung zu heftigen Spannungen und viel Leid führt – und sich beide trotzdem nicht trennen können. Darüber werden dann Außenstehende, die sich nicht in derselben Polarität befinden, nur noch den Kopf schütteln können.

Die Heilung eines solchen „Dramas mit vier Themen" (in diesem Fall Asket, Asketin, Süchtiger, Süchtige) besteht zunächst einmal darin, daß man diese Struktur überhaupt erst einmal bemerkt und ihre Tiefe und Wirkung erkennt.

Der zweite Schritt besteht darin, daß man sieht, daß man diese vier Bilder in sich selber trägt, daß sie Teil des eigenen Beziehungs-Mandalas sind.

Der dritte Schritt besteht darin, daß man die Bilder, die man auf man andere Menschen im Außen projiziert hatte, wieder in sich selber zurück nimmt. Dies ist oft der schwierigste Schritt.

Der vierte Schritt besteht darin, daß man den Süchtigen und den Asketen miteinander vereint, wodurch man den heilen inneren Mann wiederfindet – und daß man die Süchtige und die Asketin miteinander vereint, wodurch man die heile innere Frau wiederfindet.

Der fünfte Schritt geschieht meistens spontan: Der heile innere Mann und die heile innere Frau vereinen sich, wodurch die Seele sichtbar wird.

Dieser Prozeß läßt sich in einem Diagramm darstellen. Das hier gewählte Beispiel ist wieder der Asket:

Die Entstehung des Beziehungs-Mandalas und seine Heilung			
=== *Differenzierung* ===>			
<=== *Heilung* ===			
Seele	heiles inneres Männerbild	Asket	selber gelebt
			Leidensgenossen, Freunde
		Süchtiger	Feinde
	heiles inneres Frauenbild	Asketin	Leidensgenossinnen, Freundinnen
		Süchtige	Beziehungspartnerin

Als Mandala sieht dieses Beispiel für einen Asketen wie folgt aus:

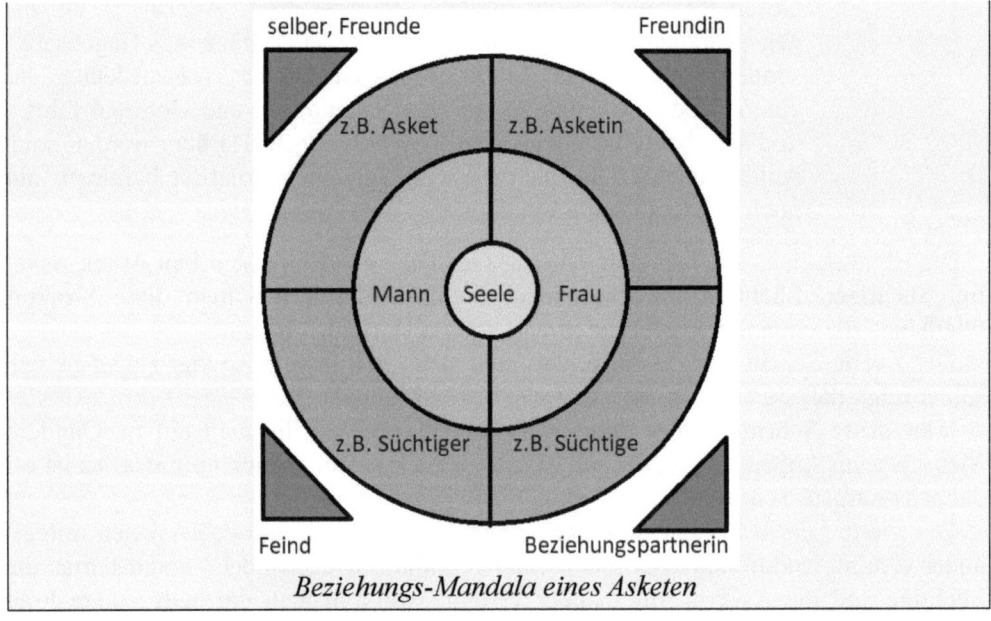

Beziehungs-Mandala eines Asketen

(Eine ausführlichere Beschreibung dieses Mandalas und vor allem auch seiner Heilung findet sich in meinem Buch „Das Beziehungsmandala".)

d) Einweihungen

Einweihungen haben eine ganz andere Dynamik als das eben beschriebene Beziehungs-Mandala.

Die meisten Einweihung bestehen aus zwei Teilen, die in Tibet als „Belehrung" und „Kraftübertragung" bezeichnet werden. Die Belehrung ist sozusagen die Gebrauchsanweisung für das, was durch die Kraftübertragung möglich wird. Das Verhältnis der beiden Teile der Einweihung zueinander, also der Umfang der erläuternden Rede und der Umfang der „übertragenen Kraft" können sehr verschieden groß sein, d.h. sie können in ihrem Größenverhältnis zueinander sehr stark schwanken.

Einweihungen können sich auf die verschiedensten Dinge beziehen: auf das Erlernen der inneren Stille, auf die Erwecken der Kundalini, auf den Kontakt zu einer Gottheit, auf eine magische Fähigkeit (wie das Teilen des Jordans bei Elias und Elisa) und noch auf vieles andere mehr.

Im Wesentlichen ist die Kraftübertragung wie ein Segen, eine Weihung oder eine Bewußtseinsübertragung: Der „Meister" ruft eine Gottheit in den „Schüler" oder er versetzt sich selber in einen besonderen Zustand (wie z.B. in die innere Stille) und nimmt dann den Schüler mit in diesen Zustand hinein.

Der eigentlich anspruchsvolle Teil bei einer wirkungsvollen Kraftübertragung ist daher nicht die Technik der Übertragung, sondern das Erwerben der Fähigkeit, die man übertragen will – man kann nicht die Fähigkeit zur Teilung eines Flusses weitergeben, wenn man sie selber nicht besitzt. Eine weitere Einschränkung ist möglicherweise die Fähigkeit des „Schülers", diese Kraftübertragung auch an- und aufzunehmen und sich die übertragene Fähigkeit anschließend durch Übung zu eigen zu machen.

Solche Einweihungen können in der Form eines großen Rituals durchgeführt werden, aber sie können auch vollkommen unspektakulär aussehen. So habe ich z.B. einst, als ich zusammen mit einem Dutzend anderer Menschen zusammen mit einem Yogi meditiert habe, auf einmal das Bewußtsein des Yogis in mir gespürt, das wie mit einer Hand die Wogen in meinem Bewußtsein glatt gestrichen hat, woraufhin in mir auf einmal völlige Stille herrschte – ein ausgesprochen angenehmer Zustand: keine Gedanken, keine Gefühle, keine Bilder, nur noch das Bewußtsein, das sich seiner selber bewußt ist. Seither kann ich von einem Augenblick zum nächsten in diesen Zustand wechseln und ihn auch durch gemeinsames Meditieren an andere weitergeben.

e) Übersicht

Die Übersicht kann nun wieder durch zwei weitere Beispiele ergänzt werden. Um diese Übersicht übersichtlicher zu gestalten, sind die Beispiele nun – soweit möglich – ihrer Wichtigkeit nach geordnet worden. Zudem sind einige Beispiele, die sich sehr ähnlich sind, zusammengefaßt worden.

Formen der Übertragung		
	absichtlich	*unabsichtlich*
innen → *innen*	- Einsgerichtetheit - Projektion - Introjektion - Aufmerksamkeits-Lenkung - Analogien	- Symbol-Bildung - Träume - Projektion / Introjektion - Assoziationen - Ersatz-Befriedigung - Fixierungen - Beziehungs-Mandala
innen → *außen*	- Astralreise - Übertragung von physischen/magischen Fähigkeiten - Heilung durch Bewußtseins-Übertragung - Lebenskraft-Heilung - Lebenskraft abgeben - „nicht-menschliche" Übertragungen - Hypnose - Silberschnüre - Imagospurius	- Beziehungs-Mandala - Geister - Lebenskraft abgeben - Silberschnüre
außen → *innen*	- Analogien - Prinzipien / Invokation - Analyse - Globalisierung - Zeugung - Übertragung von physischen/magischen Fähigkeiten - Einweihung - Meditation - „nicht-menschliche" Übertragungen	- Beziehungs-Mandala - Stimmungen übernehmen - ungewollt Krankheiten übernehmen - unabsichtlicher Lebenskraft-Vampir
außen → *außen*	- Segnungen - Weihungen - gewollt Krankheiten übernehmen (um sie zu heilen) - absichtlicher Lebenskraft-Vampir - Reiki - Spiritus familiaris - Voodoo-Puppe - anrufende Elemente-Pentagramme - anrufende Planeten-Hexagramme	
innen → *außen* → *innen*	- Phowa	
zeitlich	- Tulkus	- Reinkarnation

9. Übertragungen und Analogien

In der Magie spielen Analogien eine große Rolle. Es ist daher sinnvoll, sich das Verhältnis zwischen Übertragungen und Analogien einmal genauer anzuschauen.

a) Die Benutzung magischer Analogien

Zunächst einmal sind Analogien und Übertragungen zwei völlig verschiedene Dinge: Bei einer Übertragung wird ein Lebenskraft-Bild von einem Ort an einen anderen übertragen – bei einer Analogie stehen zwei Dinge in Resonanz, weil sie innerhalb ihres Systems dieselbe Funktion haben. Solche gleich Funktionen können z.B. der Motor im Auto, das Pferd vor der Kutsche oder die Beinmuskeln eines Menschen sein – ein anderes Beispiel wäre die Dynamik-fördernde Funktion der Hitze in physikalischen Systemen, der Katalysatoren in chemischen Systemen, der Enzyme in biologischen Systemen und der Therapeuten in psychologischen Systemen.

Die Frage nach dem Zusammenhang zwischen Analogien und Übertragungen läßt sich darauf reduzieren, ob man ein Lebenskraft-Bild nur zwischen zwei Analogien übertragen kann.

Diese Frage läßt sich jedoch nicht nur mit „ja" oder nur mit „nein" beantworten – oft liegen Analogien vor, aber nicht immer:

- Bei einer Weihung entspricht die angerufene Gottheit dem Wesen oder Gegenstand, der geweiht werden soll.

- Bei der Übertragung der Lebenskraft von einem Chakra zu seinem Gegenpol sind diese beiden Chakren die beiden Pole desselben Thema – z.B. das Dritte Auge als das Chakra der äußeren Formen und das Hara als das Chakra der inneren Formen.

- Auch bei der Übertragung z.B. des gefürchteten und abgelehnten inneren Asketen-Bildes eines Süchtigen auf einen Asketen im Außen stehen das innere Asketen-Bild des Süchtigen und der äußere Asket in Analogie zueinander.

- Bei einer Einweihung sollte die Qualität der Einweihung dem Bedürfnis dessen, der sich einweihen läßt, entsprechen – was vermutlich auch in den meisten Fällen so sein wird.

- Bei einer Astralreise gibt es eine Übertragung des Astralkörpers aus dem physischen Leib heraus in den Umraum. Hier ist keinerlei Analogie sichtbar.

- Bei der Hypnose überträgt, d.h. genauer gesagt erweitert der Hypnotiseur sein Wachbewußtsein auf die Psyche und den Leib des Hypnotisierten. Auch hier ist keine Analogie erkennbar.

- Der Lebenskraft-Vampir kann seine Lebenskraft von überall her „ansaugen" und beim Abgeben von Lebenskraft kann diese zu jedem beliebigen Menschen gesandt werden. Auch hier spielen Analogien keine erkennbare Rolle.

- Bei der Reinkarnation stehen die verschiedenen Inkarnationen in einem kausalen Zusammenhang zueinander („Karma"). Zugleich entspricht das Karma, mit dem ein Mensch am Anfang seines Lebens beginnt, dem Karma, mit dem er in seinem vorigen Leben aufgehört hat – das Ende des vorigen Lebens steht also Zumindestens in Resonanz mit dem Anfang des folgenden Lebens. Ob man dies eine „Analogie" nennen kann, ist jedoch unsicher.

Es gibt also keinen zwingenden Zusammenhang zwischen Übertragungen und Analogien, aber es gibt häufig einen Zusammenhang. Es gibt also:

- Übertragungen ohne Analogie,
- Übertragungen mit Analogie, und
- Analogien ohne Übertragungen (z.B. Horoskop oder Tarot-Orakel).

b) Übersicht

Hier sind nun keine neuen Beispiele beschrieben worden, aber in der Übersicht lassen sich die Übertragungen nun in „mit Analogie", in „ohne Analogie" und in „unsicher" einteilen.

Formen der Übertragung I		
	absichtlich	*unabsichtlich*
innen → *innen*	mit Analogie - Projektion / Introjektion - Analogien	mit Analogie - Beziehungs-Mandala - Symbol-Bildung / Träume - Projektion / Introjektion - Ersatz-Befriedigung
	unsicher - Aufmerksamkeits-Lenkung	unsicher - Assoziationen
	ohne Analogie - Einsgerichtetheit	ohne Analogie - Fixierungen
innen → *außen*	mit Analogie - Übertragung von physischen/magischen Fähigkeiten - „nicht-menschliche" Übertragungen - Imagospurius	mit Analogie - Beziehungs-Mandala
	unsicher - Lebenskraft-Heilung - Heilung durch Bewußtseins-Übertragung - Silberschnüre	unsicher - Silberschnüre
	ohne Analogie - Astralreise - Lebenskraft abgeben - Hypnose	ohne Analogie - Geister - Lebenskraft abgeben
außen → *innen*	mit Analogie - Analogien - Übertragung von physischen/magischen Fähigkeiten - Einweihung - Meditation - „nicht-menschliche" Übertragungen	mit Analogie - Beziehungs-Mandala
	unsicher - Zeugung - Prinzipien / Invokation (Analogie als Grundlage) - Analyse (Analogie als Grundlage) - Globalisierung (Analogie als Grundlage)	unsicher
	ohne Analogie	ohne Analogie - Stimmungen übernehmen - ungewollt Krankheiten übernehmen - unabsichtlicher Lebenskraft-Vampir

Formen der Übertragung II		
	absichtlich	*unabsichtlich*
außen → *außen*	mit Analogie - Segnungen - Weihungen - Voodoo-Puppe - anrufende Elemente-Pentagramme - anrufende Planeten-Hexagramme	mit Analogie
	unsicher	unsicher
	ohne Analogie - gewollt Krankheiten übernehmen (um sie zu heilen) - absichtlicher Lebenskraft-Vampir - Reiki - Spiritus familiaris	ohne Analogie
innen → *außen* → *innen*	mit Analogie	mit Analogie
	unsicher	unsicher
	ohne Analogie - Phowa	ohne Analogie
zeitlich	mit Analogie - Tulkus	mit Analogie - Reinkarnation
	unsicher	unsicher
	ohne Analogie	ohne Analogie

Man kann nun schauen, ob es eine Regelmäßigkeit in Bezug auf die Kombination der Übertragung mit einer Analogie gibt.

Um das herauszufinden, hilft es, diese Tabelle nach „mit Analogie", „unsicher" und „ohne Analogie" umzusortieren. In der Tabelle sind zudem ähnliche Formen der Übertragung zusammengefaßt worden.

Übertragungen mit und ohne Analogie		
	absichtlich	*unabsichtlich*
mit Analogie	- Segnungen / Weihungen / Einweihung - Imagospurius - Voodoo-Puppe	- Beziehungs-Mandala - Symbol-Bildung / Träume - Ersatz-Befriedigung
	- Projektion / Introjektion - Übertragung von physischen/magischen Fähigkeiten - „nicht-menschliche" Übertragungen - anrufende Elemente-Pentagramme / anrufende Planeten-Hexagramme	- Projektion / Introjektion
	- Meditation	
	- Analogien	
	- Tulkus	- Reinkarnation
unsicher	- Aufmerksamkeits-Lenkung - Lebenskraft-Heilung - Heilung durch Bewußtseins-Übertragung - Zeugung - Prinzipien / Invokation (Analogie als Grundlage) - Analyse (Analogie als Grundlage) - Globalisierung (Analogie als Grundlage) - Silberschnüre	- Assoziationen - Silberschnüre
ohne Analogie	- Lebenskraft abgeben - absichtlicher Lebenskraft-Vampir - Spiritus familiaris - Reiki - Phowa	- Lebenskraft abgeben - unabsichtlicher Lebenskraft-Vampir - Geister
	- Astralreise	
	- gewollt Krankheiten übernehmen (um sie zu heilen) - Hypnose	- ungewollt Krankheiten übernehmen - Stimmungen übernehmen
	- Einsgerichtetheit	- Fixierungen

Zunächst einmal läßt sich sagen, daß sich die „Übertragungen mit Analogie" zum größten Teil in einem umfassenderen System abspielen, das eine Eigendynamik hat. Diese Systeme können z.B. die Chakren oder das Beziehungsmandala sein.

Die „Übertragungen ohne Analogie" sind sozusagen „freiere" Handlungen, die nicht innerhalb eines Systems ablaufen.

Diese Erkenntnis besagt aber zunächst eigentlich nur, daß Analogien in der Regel Teil eines größeren Analogie-Systems sind – was fast schon selbstverständlich ist …

Eine etwas informativere Erkenntnis ist es, daß die „Übertragungen mit Analogie" sowohl auf die Qualität der Lebenskraft (eben die der Analogie-Qualität) als auch auf die Menge der Lebenskraft ausgerichtet sind, während die „Übertragungen ohne Analogie" fast ausschließlich auf die Menge an Lebenskraft ausgerichtet sind.

Da Analogien prinzipiell Qualitäten darstellen, ist diese Erkenntnis zwar interessant, aber auch nicht unbedingt ganz neu.

Bei den „Übertragungen ohne Analogie" gibt es eine größere Zufälligkeit – dem Lebenskraft-Vampir es ist weitgehend egal, von wem er Lebenskraft absaugt.

Es hat den Anschein, als ob es hier keine tiefergehenden und bisher noch unentdeckten Gemeinsamkeiten innerhalb der Gruppe der „Übertragungen mit Analogie" und auch nicht innerhalb der Gruppe der „Übertragungen ohne Analogie" geben würde.

10. Zusammenfassung

Die Betrachtungen in den vorigen Kapiteln zeigen, daß die Übertragung ein wichtiger Vorgang sowohl in der Psychologie als auch in der Magie ist. Man kann jedoch nicht die gesamte Magie als Übertragungs-Phänomene beschreiben, aber in einem sehr großen Teil der Magie spielen Übertragungs-Phänomene eine große Rolle.

Man kann nun zum Schluß noch einmal die in der Folge der Kapitel entwickelte Übersichtstabelle auf der nächsten Seite betrachten und schauen, welche Beispiele für den, den sie betreffen, förderlich sind (sie sind <u>unterstrichen</u>) und welche Beispiele für den, den sie betreffen, hinderlich sind (sie sind *kursiv* gedruckt). Die Beispiele, bei denen das nicht eindeutig ist, sind weder unterstrichen noch kursiv gedruckt.

Dabei findet sich eine Ordnung, die eigentlich auch zu erwarten gewesen ist:

Die Beispiele für eine absichtliche und förderliche Wirkung einer Übertragung gehören zu den Meditationen, Heilungen, Einweihungen u.ä.

Die Beispiele für eine absichtliche und neutrale Wirkung einer Übertragung gehören zu den Alltags-Phänomenen wie Zeugung, Silberschnüre, Astralreisen u.ä.

Die Beispiele für eine absichtliche und schädliche Wirkung einer Übertragung gehören zur Schwarzen Magie.

Die Beispiele für eine unabsichtliche und förderliche Wirkung einer Übertragung gehören zu den unbewußten Vorgängen in der Psyche wie dem Träumen.

Die Beispiele für eine unabsichtliche und neutrale Wirkung einer Übertragung gehören zu den Alltags-Phänomenen wie Projektionen, Silberschnüre, Beziehungs-Mandala u.ä.

Die Beispiele für eine unabsichtliche und schädliche Wirkung einer Übertragung gehören zum Bereich der psychischen Krankheiten.

Übersicht über die Arten der Übertragung		
	absichtlich	*unabsichtlich*
förderlich	Meditation, Heilung u.ä.	unbewußte Vorgänge wie Träumen
neutral	Alltag	Alltag
schädlich	Schwarze Magie	psychische Krankheiten u.ä.

Formen der Übertragung		
	absichtlich	*unabsichtlich*
innen → ***innen***	- Einsgerichtetheit - Projektion - Introjektion - Aufmerksamkeits-Lenkung - Analogien	- Symbol-Bildung - Träume - Assoziationen - Projektion / Introjektion - Beziehungs-Mandala - *Ersatz-Befriedigung* - Fixierungen
innen → ***außen***	- Übertragung von physischen/magischen Fähigkeiten - Heilung durch Bewußtseins-Übertragung - Lebenskraft-Heilung - Lebenskraft abgeben - „nicht-menschliche" Übertragungen - Astralreise - Hypnose - Silberschnüre - Imagospurius	- Beziehungs-Mandala - Geister - Silberschnüre - *Lebenskraft abgeben*
außen → ***innen***	- Invokation - Übertragung von physischen/magischen Fähigkeiten - „nicht-menschliche" Übertragungen - Einweihung - Meditation - Zeugung - Analogien - Prinzipien - Analyse - Globalisierung	- Beziehungs-Mandala - *Stimmungen übernehmen* - *ungewollt Krankheiten übernehmen* - *unabsichtlicher Lebenskraft-Vampir*
außen → ***außen***	- Segnungen - Weihungen - gewollt Krankheiten übernehmen (um sie zu heilen) - anrufende Elemente-Pentagramme - anrufende Planeten-Hexagramme - Reiki - Spiritus familiaris - *Voodoo-Puppe* - *absichtlicher Lebenskraft-Vampir*	
innen → ***außen*** → ***innen***	- Phowa	
zeitlich	- Tulkus	- Reinkarnation

Bücher von Harry Eilenstein

- The Synthesis of Physics and Magic (192 p.)
- Telepathy for Beginners (60 p.)
- Telepathy for Advanced Learners (52 p.)
- Telekinesis for Beginners (56 p.)
- Life Force for Beginners (76 p.)
- Kundalini for Beginners (104 p.)
- Astral Projection for Beginners (60 p.)
- Meditation for Beginners (60 p.)
- Prophecy for Beginners (60 p.)
- Ritual Magic for Beginners (64 p.)
- Magic Chant for Beginners (108 p.)
- Invocations for Beginners (52 p.)
- Evocations for Beginners (62 p.)
- Auto-Movement for Beginners (60 p.)
- Elves for Beginners (56 p.)
- Hypnosis for Beginners (56 p.)
- Love Magic for Beginners (52 p.)

- Money Magic for Beginners (60 p.)
- Magic Objects for Beginners (64 p.)
- Shamanism for Beginners (52 p.)
- Chakra-Magic for Beginners (148 p.)
- Language of the Moon – for Beginners (128 p.)
- Self Knowledge for Beginners (60 p.)
- Da'ath-Magic for Beginners (64 p.)
- Astrology for Beginners (112 p.)
- Number Symbolism for Beginners (64 p.)
- Mandalas for Beginners (76 p.)
- Crop Circles for Beginners (344 p.)
- Feng Shui for Beginners (96 p.)
- Magic Research for Beginners (140 p.)

- Magic for Beginners – Anthology I (636 p.)
- Magic for Beginners – Anthology II (616 p.)
- Magic for Beginners – Anthology III (684 p.)
- Magic for Beginners – Anthology IV (580 p.)

Religion allgemein
- Die sieben Schritte des Lebens (428 S.)
- Muttergöttin und Schamanen (168 S.)
- Totempfähle (440 S.)
- Der Urriese (168 S.)

Jungsteinzeit
- Göbekli Tepe (472 S.)
- Die Göttin von Göbekli Tepe (144 S.)

Ägypten
- Hathor und Re 1: Götter und Mythen im Alten Ägypten (432 S.)
- Hathor und Re 2: Die altägyptische Religion – Ursprünge, Kult und Magie (396 S.)
- Isis (508 S.)
- Ma'at (200 S.)

Christentum
- Christus (60 S.)
- Die Biographie des Teufels (144 S.)

Indogermanen
- Die Entwicklung der indogermanischen Religionen (700 S.)
- Wurzeln und Zweige der indogermanischen Religion (224 S.)

Griechen
- Pan (336 S.)
- Poseidon (668 S.)

Inder
- Dakini (80 S.)
- Vajra (76 S.)

Germanen
- Die Götter der Germanen (87 Bände – siehe nächste Seite)
- Odin (300 S.)

Kelten
- Cernunnos (690 S.)
- Taliesin (228 S.)
- Der Kessel von Gundestrup (220 S.)
- Der Chiemsee-Kessel (76)

Psychologie
- Über die Freude (100 S.)
- Das Geheimnis des inneren Friedens (252 S.)
- Das Beziehungsmandala (52 S.)
- Gefühle und ihre Verwandlungen (404 S.)
- einsgerichtet (140 S.)
- Liebe und Eigenständigkeit (216 S.)
- Von innerer Fülle zu äußerem Gedeihen (52 S.)

Heilung
- Die Symbolik der Krankheiten (76 S.)

Kunst
- Herz des Tanzes – Tanz des Herzens (160 S.)
- Die Wurzeln der Kunst (60 S.)
- Wege zur Musik-Improvisation (32 S.)

Drama
- König Athelstan (104 S.)

„Magie für Anfänger"

- Telepathie für Anfänger (60 S.)
- Telepathie für Fortgeschrittene (52 S.)
- Telekinese für Anfänger (52 S.)
- Analogien für Anfänger (56 S.)
- Omen und Orakel für Anfänger (52 S.)
- Lebenskraft für Anfänger (60 S.)
- Meditation für Anfänger (56 S.)
- Kundalini für Anfänger (100 S.)
- Hypnose für Anfänger (56 S.)
- Auto-Movement für Anfänger (56 S.)
- Chakra-Magie für Anfänger (148 S.)
- Astralreisen für Anfänger (56 S.)
- Astrologie für Anfänger (120 S.)
- Silberschnüre für Anfänger (52 S.)
- Zaubersprüche für Anfänger (60 S.)
- Ritual-Magie für Anfänger (56 S.)
- Mandalas für Anfänger (68 S.)
- Geldzauber für Anfänger (56 S.)
- Liebeszauber für Anfänger (52 S.)
- Invokationen für Anfänger (52 S.)
- Evokationen für Anfänger (60 S.)
- Geister für Anfänger (52 S.)
- Elfen für Anfänger (56 S.)
- Magie-Forschung für Anfänger (140 S.)
- Magie-Romantik für Anfänger (60 S.)
- Selbsterkenntnis für Anfänger (52 S.)
- Einweihungen für Anfänger (60 S.)
- Drogen-Kabbala für Anfänger (216 S.)
- Zahlensymbolik für Anfänger (60 S.)
- Die Sprache des Mondes – für Anfänger (116 S.)
- Zaubergesänge für Anfänger (100 S.)
- Zukunftschau für Anfänger (60 S.)
- Schamanismus für Anfänger (52 S.)
- Schwitzhütten für Anfänger (52 S.)
- Magische Gegenstände für Anfänger (68 S.)
- Übertragungen für Anfänger (68 S.)
- Zaubertränke für Anfänger (64 S.)
- Magie-Gesten für Anfänger (252 S.)
- Da'ath-Magie für Anfänger (64 S.)
- Kornkreise für Anfänger (348 S.)
- Feng Shui für Anfänger (96 S.)
- Tao für Anfänger (112 S.)
- Magie für Anfänger – Sammelband   I (696 S.)
- Magie für Anfänger – Sammelband   II (664 S.)
- Magie für Anfänger – Sammelband III (580 S.)
- Magie für Anfänger – Sammelband IV (700 S.)
- Magie für Anfänger – Sammelband   V (676 S.)

Eilenstein, Frater V.D., Knecht, Büdenbender

- Magie heute – Berichte aus der Praxis (288 S.)
- Living Magic (261 p.)

„Traumreisen"

- Traumreisen zu Heilpflanzen (700 S.)

Magie

- Handbuch für Zauberlehrlinge (408 S.)
- Wie man das Pentagramm-Ritual zum Leben erweckt (308 S.)
- Tarot (104 S.)
- Physik und Magie (184 S.)
- Die Synthese von Physik und Magie (200S.)
- Die Magie-Formel (156 S.)
- Schwarze Löcher in der Magie (56 S.)
- Krafttiere – Tiergöttinnen – Tiertänze (112 S.)
- Schwitzhütten (524 S.)
- Mythen und Magie der Harfe (116 S.)
- Drei Adeptus Major Rituale (192 S.)
- Drei Adeptus Exemptus Rituale (120 S.)
- Zwei Infans Abyssi Rituale (128 S.)
- Die Magie der Propheten Elias und Elisa (96 S.)

Meditation

- Der Lebenskraftkörper (230 S.)
- Die Chakren (100 S.)
- Das Chakren-System mit den Nebenchakren (296 S.)
- Organe und Chakren (64 S.)
- Die platonischen Körper in den Chakren (156 S.)
- Meditation (140 S.)
- Drachenfeuer (124 S.)
- Kundalini I (676 S.)
- Kundalini II (672 S.)
- Reinkarnation (156 S.)
- einsgerichtet (140 S.)

Astrologie

- Astrologie (496 S.)
- Photo-Astrologie (428 S.)
- Die astrologischen Aspekte (88 S.)
- Horoskop und Seele (120 S.)

Kabbala

- Kursus der praktischen Kabbala (150 S.)
- Eltern der Erde (450 S.)
- Blüten des Lebensbaumes:
    - Die Struktur des kabbalistischen Lebensbaumes (370 S.)
    - Der kabbalistische Lebensbaum als Forschungshilfsmittel (580 S.)
    - Der kabbalistische Lebensbaum als spirituelle Landkarte (520 S.)

Büdenbender, Eilenstein

- Chaos, Alk und Magic (436 S.)

Die Themen der 87 Bände der Reihe „Die Götter der Germanen"

1. Die Entwicklung der germanischen Religion
2. Lexikon der germanischen Religion
3. Der ursprüngliche Göttervater Tyr
4. Tyr in der Unterwelt: der Schmied Wieland
5. Tyr in der Unterwelt: der Riesenkönig   Teil 1
6. Tyr in der Unterwelt: der Riesenkönig   Teil 2
7. Tyr in der Unterwelt: der Zwergenkönig
8. Der Himmelswächter Heimdall
9. Der Sommergott Baldur
10. Der Meeresgott: Ägir, Hler und Njörd
11. Der Eibengott Ullr
12. Die Zwillingsgötter Alcis
13. Der neue Göttervater Odin   Teil 1
14. Der neue Göttervater Odin   Teil 2
15. Der Fruchtbarkeitsgott Freyr
16. Der Chaos-Gott Loki
17. Der Donnergott Thor
18. Der Priestergott Hönir
19. Die Göttersöhne
20. Die unbekannteren Götter
21. Die Göttermutter Frigg
22. Die Liebesgöttin: Freya und Menglöd
23. Die Erdgöttinnen
24. Die Korngöttin Sif
25. Die Apfel-Göttin Idun
26. Die Hügelgrab-Jenseitsgöttin Hel
27. Die Meeres-Jenseitsgöttin Ran
28. Die unbekannteren Jenseitsgöttinnen
29. Die unbekannteren Göttinnen
30. Die Nornen
31. Die Walküren
32. Die Zwerge
33. Der Urriese Ymir
34. Die Riesen
35. Die Riesinnen
36. Mythologische Wesen
37. Mythologische Priester und Priesterinnen
38. Sigurd/Siegfried
39. Helden und Göttersöhne
40. Die Symbolik der Vögel und Insekten
41. Die Symbolik der Schlangen, Drachen und Ungeheuer
42.a Die Symbolik der Herdentiere I
42.b Die Symbolik der Herdentiere II
43. Die Symbolik der Raubtiere
44. Die Symbolik der Wassertiere und sonstigen Tiere
45. Die Symbolik der Pflanzen
46. Die Symbolik der Farben
47. Die Symbolik der Zahlen
48. Die Symbolik von Sonne, Mond und Sternen
49.a Das Jenseits I – Das Hügelgrab
49.b Das Jenseits II – Der Jenseitsweg
50. Seelenvogel, Utiseta und Einweihung
51. Wiederzeugung und Wiedergeburt
52. Elemente der Kosmologie
53. Der Weltenbaum
54. Die Symbolik der Himmelsrichtungen und der Jahreszeiten
55.a Mythologische Motive I
55.b Mythologische Motive II
56. Der Tempel
57. Die Einrichtung des Tempels
58. Priesterin – Seherin – Zauberin – Hexe
59. Priester – Seher – Zauberer
60. Rituelle Kleidung und Schmuck
61. Skalden und Skaldinnen
62. Kriegerinnen und Ekstase-Krieger
63. Die Symbolik der Körperteile
64.a Magie und Ritual I
64.b Magie und Ritual II
64.c Magie und Ritual III
65. Gestaltwandlungen
66.a Magische Angriffs-Waffen
66.b Magische Verteidigungs-Waffen
67. Magische Werkzeuge und Gegenstände
68. Zaubersprüche
69. Göttermet
70. Zaubertränke
71. Träume, Omen und Orakel
72. Runen
73. Sozial-religiöse Rituale
74. Weisheiten und Sprichworte
75. Kenningar
76. Rätsel
77. Die vollständige Edda des Snorri Sturluson
78. Frühe Skaldenlieder
79.a Mythologische Sagas I
79.b Mythologische Sagas II
80. Hymnen an die germanischen Götter